CHUANGYE CHUANGXIN ZHIDAO YU SHIXUN

技工院校通用职业素质课程实验教材

创业创新指导与实训

（修订版）

主　编　张　志

副主编　乔　辉　张　聪　张　哲

中国劳动社会保障出版社

图书在版编目（CIP）数据

创业创新指导与实训 / 张志主编 . -- 2 版（修订版）. -- 北京：中国劳动社会保障出版社，2023

技工院校通用职业素质课程实验教材

ISBN 978-7-5167-6151-9

Ⅰ. ①创… Ⅱ. ①张… Ⅲ. ①创业 - 技工学校 - 教材 Ⅳ. ① F241.4

中国国家版本馆 CIP 数据核字（2023）第 230992 号

中国劳动社会保障出版社出版发行

（北京市惠新东街 1 号 邮政编码：100029）

*

保定市中画美凯印刷有限公司印刷装订 新华书店经销

787 毫米 × 1092 毫米 16 开本 10.25 印张 178 千字

2023 年 12 月第 2 版 2025 年 12 月第 5 次印刷

定价：25.00 元

营销中心电话：400-606-6496

出版社网址：http://www.class.com.cn

http://jg.class.com.cn

前言

技能人才是我国人才队伍的重要组成部分，也是实施人才强国战略、就业优先战略和创新驱动发展战略不可或缺的支撑力量。着力培养高素质劳动者和技术技能人才，对于迈入新时代，培育新动能，实现经济社会高质量发展具有十分重要的现实意义。

党中央、国务院高度重视技能人才队伍建设。党的二十大报告提出，培养造就大批德才兼备的高素质人才，是国家和民族长远发展大计，强调“努力培养造就更多”高技能人才。国务院《关于推行终身职业技能培训制度的意见》中，明确提出要“强化工匠精神和职业素质培育”。技工院校是培养技能人才的摇篮。加强通用职业素质课程建设，是弘扬劳动精神、劳模精神和工匠精神，促进学生养成良好职业素质的有效途径，更是强化“德技并修、工学结合”育人机制，落实立德树人根本任务，提高技能人才培养质量的重要举措。

通用职业素质是从业人员除岗位所需要的专业知识和技能外，在职业活动中所表现出来的最关键、最核心的综合品质和能力，是从业人员职业理想信念、职业基本意识、通用职业能力、通用职业知识等方面的综合体现。技工院校通用职业素质课程由自我管理、自主学习、理解与表达、交往与合作、信息检索与处理、企业管理与企业文化、就业指导与实训和创业创新指导与实训等模块组成，着重体现职业素质在宏观意识和一般方法上的导向作用，为专业课程中的职业素质融合运用提供方法论基础。通过公共必修课的系统学习和专业课程的情境应用，从而在学生职业素质培养上形成双管齐下的叠加效应。

本课程以学生终身职业发展为目标，以实用性、有效性和综合性为原则，根据职业发展所需要的各项通用职业素质构建课程体系和内容，以学生为主体进行教学设计并安排教学活动，强化学生通用职业能力的培养。

表现出以下几个鲜明特点：

第一，以学生需要为中心。课程内容设置紧密围绕学生在职业素质方面的主观需要和客观必需，帮助学生明确学习目标，确立养成途径，最终适应社会、适应岗位和适应职业发展。教学活动注重突显学生的主体地位，通过引领学生自主探究和实践，获得价值体验，在行动中内化观念、意识和知识，逐步掌握方法，增强能力，提升素质。

第二，以职业发展为核心。课程目标设定、模块架构、教学实施和学习评价均指向帮助学生获得更好的职业发展。课程的功能定位是在职业理想信念驱动下的职业基本意识和通用职业知识的综合运用，为学生就业、转岗、创新创业提供支撑，满足学生职业发展的素养要求。

第三，以能力培养为重心。坚持以能力本位、问题导向为原则，课程内容不追求知识体系的完备性，不灌输不必要的概念性、理论性知识，尽量避免生硬的理论阐述。聚焦解决职业活动中的实际问题，将知识传授与能力训练相结合，通过案例分析、任务引领、项目训练等活动教学，重在培养通用职业能力，侧重考查实践过程和结果，引导各项素质培育有机融合，相互促进。

通用职业素质课程是全新的课程，教材也在实验与完善中，希望各地各校在教学实验中总结经验，提出修改和完善的建议。

本课程提供配套线上资源，可登录 http://jg.class.com.cn 观看或下载。

编者

2023 年 8 月

目录

绪　论

一、为什么要接受创业创新教育

“老师，我并不想创业，那我还有必要上这门课吗？”

不是人人都适合创业，创业是一项高难度、高风险的工作，创业一般是少数人的选择。当然，一个人即使不去创业，在现代社会中也应该了解一些关于创业的知识，好比一个人不准备成为心理咨询师，但也应该了解一些心理学的知识一样。

你现在不想创业，并不代表你以后也不想创业。事实上，很多成功企业家创业时的年龄并不小。

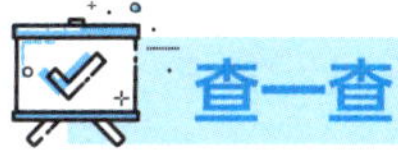

查一查

你了解哪些企业家？上网查查他们首次创业的年龄并填写表1。

表1　创业与创业年龄

企业名称	企业家姓名	企业家首次创业年龄

即便你现在选择就业，也有很大概率加入新创立的企业工作。假如你更理解创业者的思维，你就会更容易理解领导为什么这样考虑问

题，他与普通员工的思考方式区别在哪里，这些都有助于你更好地与创始人、领导层沟通。

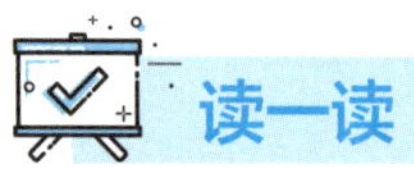

读一读

在一次采访中，主持人问一位企业家："企业家和员工有什么相同点？"

企业家回答："我们在工作中都扮演着某种角色并承担相应的责任。工作中，我们都会参与到团队合作中，也都需要进行有效沟通等。"

主持人又问："那么，企业家和员工有什么不同点？"

企业家说："我们之间有三个区别。第一，我创建公司的时候，是押上全部家当。员工寄出几十份简历到不同的企业，被我们公司录用后，逐渐熟悉和适应职场工作，如出现问题，员工可以辞职并应聘其他企业。我跟员工的区别是创业与就业。第二，我选择连接器细分市场并与跨国公司合作，这些需要独到的判断力。员工在哪个部门上班，是企业根据员工的专业和能力安排的。我们之间的区别是工作中的角色不同，具体工作要求不同。第三，我不断在思考如何创造利润，我的决策可能影响企业的收入与数万股东的收益。员工考虑更多的是职位的晋升和对企业的贡献等。我们之间的区别是责任的具体内容不同。"

搞明白创业者和就业者这三个区别，就不会担心自己的现状，而会主动寻找自己的方向。

创业不是一件任性的事情，更不是追求所谓的情怀就够了。创业需要扎实的商业逻辑做支撑，学习创业课程也是培养一个人系统思考问题的有效途径。了解创业的过程，可以帮助同学们建立对商业运营的全局思维。

请问同学们，现在你们对学习创业有兴趣了吗？

二、学生创业现实吗

成功创业可以为社会创造财富和就业机会，促进科技成果的转化，推动经济发展，并在这个过程中实现自身发展，进而实现人生价值。所以，目前整个社会都在鼓励创新创业，有创业精神的人会得到很多鼓励和肯定。

很多人认为 40 岁左右的创业者更有优势，因为此时创业者有良好的社会资源，有优秀的产业生产经验，有一定的物质基础，有成熟的心理，创业成功率肯定比学生更高。

那么，是不是学生创业就不现实呢？学生创业有优势吗？

首先，当前的国家政策为有创业梦想的学生选择自主创业提供了有利的条件。比如，允许创业活动纳入实践学习内容，提供免费创业孵化指导，提供无息贷款和创业补贴，等等。

其次，移动互联网的快速普及，极为深刻地改变了现代人的生活方式，“00 后”学生作为智能手机第一代重度用户，比其他人更深刻理解移动时代的生活消费工作方式。在这个全新的领域，年轻的创业者比年龄大的创业者更有可能准确把握社会需求，创造出新的商业模式和工作机会。

最后，不少学生已经通过各种实践活动积累了丰富的商业活动经验，这样的学生选择创业作为自我价值实现的渠道是应该得到肯定和支持的。

创业不分年龄，主要与个人的机遇和主观能动性有关。关键是创业者本人是否为创业这件事做好了心理和能力方面的准备。

三、怎样学习这门课程

1. 了解创业活动

创业者一般会经历的创业活动如图 1 所示。

需要说明的是，创业是实践性非常强的活动，创业者们在创业过程中发展出了各种丰富多彩的创业实践，很难有统一的模式和规则。

比如，有的创业者是先成立团队再找项目，有的创业者是先有点子再创业，有的创业者是误打误撞慢慢做大。但是，不管是哪种模式起步，都会经历创业活动，都需要了解如何开展这些创业活动。

图 1 创业者一般会经历的创业活动

2. 学习创业课程的方法

作为学生学习者，不可能有大量时间参加创业实践并带着实战问题来学习，所以在本教材中会更多引入案例学习法。通过案例教学，不断提出问题，引导学生思考创业活动中会遇到的挑战，并形成自己的答案。在学习过程中，学生在老师的引导下，要把自己当作一位创业者，积极思考并有效行动。记住，今后无论从事哪一行，做什么工作，自己就是自己生活的创造者。

创业活动没有标准答案，需要开放式思考。同学们可以搜集自己看到的商业案例，在课堂上进行讨论，并结合老师讲授的创业活动内容谈谈自己的看法和观点。

在学习过程中，大家可以就自己发现的商业机会形成完整的创业计划书。这是非常好的系统培养商业思维的训练。

第一单元

创业与创业精神

学习目标

★了解创业者的工作状态，并锻炼自己从创业者角度思考问题。

★掌握创业的两种类型，并能快速分析一个创业者属于哪种类型。

★了解创业者应有的状态和应该具备的特质。

★了解适合学生的四种创业形式。

翻转课堂

本单元导读

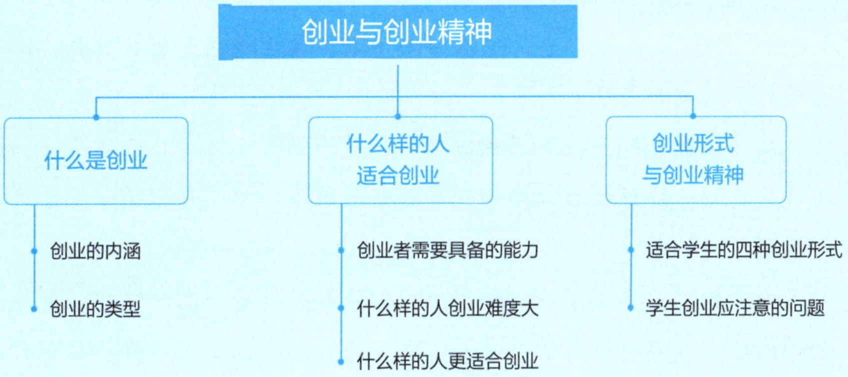

创业与创业精神

- 什么是创业
  - 创业的内涵
  - 创业的类型
- 什么样的人适合创业
  - 创业者需要具备的能力
  - 什么样的人创业难度大
  - 什么样的人更适合创业
- 创业形式与创业精神
  - 适合学生的四种创业形式
  - 学生创业应注意的问题

张康的创业故事

张康从高中开始就对创业充满了热情，并在4年后付诸行动。

张康的创业项目是利用互联网平台，为学生提供实习机会。他发现很多学生缺乏实习经验，而很多企业又需要实习生来协助完成一些基础工作。于是，他决定搭建一个平台，让企业和学生能够直接联系，平台提供实习岗位信息和招聘应聘服务。

在开始阶段，张康遇到了很多困难。他需要说服企业进驻，同时还需要说服学生相信这个平台是可靠的。通过坚持不懈的宣传，平台逐渐吸引了很多企业和学生。

经过一段时间的努力，张康的实习平台逐渐得到了大家的认可，并开始盈利。他通过这个平台，不仅帮助了很多学生找到了实习机会，还为企业提供了可靠的实习生资源。

除了创业之外，张康还积极参与公益活动。他通过自己的平台，为贫困地区的孩子提供教育资助和免费的家教服务。他还发起了一个名为“梦想点亮行动”的公益项目，帮助更多的人实现自己的梦想。

张康的创业充满了挫折和困难，但他从未放弃自己的梦想。他的故事告诉我们，只要有坚定的信念并为之努力，就可以克服困难，实现自己的梦想。

第一课 什么是创业

对于还没有尝试过创业的人来说，谈到创业往往带着既兴奋又恐惧的心情：创业肯定很过瘾，不用再看别人的脸色；不过我不适合创业，我受不了那种朝不保夕的生活。

我们也经常听到一些职场人一面抱怨当前的工作，一面大谈创业规划，却迟迟没有行动。既然创业这么好，为什么迟迟不行动呢？

一、创业的内涵

对于创业的定义，有以下几种描述。

创业是创业者对自己所拥有的或通过努力能够拥有的资源进行优化整合，从而创造出更大社会价值和经济价值的过程。

创业是创业者在有限资源的情况下开展的商业活动。

创业是在高度不确定性的环境中开展的商业活动。

创业较强地依赖创业者及其团队的能力。

对于以上定义，可以做以下理解。

成功的创业者首先要能发现别人看不到的商业机会。

一旦创业，几乎所有的事情创业者都要管理，不管喜欢不喜欢。

创业者一般都长期处于缺少资金的状态。

创业者时刻都要关注企业可能遇到的风险。

创业对创业者的自律性要求特别高，没有超出常人的核心竞争力，创业会很难。

一般而言，创业相比就业，对个人的综合能力要求更高。

为了能成功创业，创业者要承担更大的风险。很多创业成功的人回顾自己的创业经历，往往会承认，自己并非主动选择了创业，而是为生活所迫，一步步走上创业道路。

二、创业的类型

创业可分为生存型创业和机会型创业。

1. 生存型创业

生存型创业是创业者为了生存，没有其他选择而不得不进行的创业，是一种为自己的生存和发展谋求出路的创业类型。

生存型创业的创业项目主要集中在餐饮、副食、百货等行业，创业目的主要是保障基本生活、补贴家用等。生存型创业解决了一部分人的就业问题，经营状况较好的还能聘请员工，带动他人就业。

想一想

以下哪个不属于生存型创业，为什么？

A. 开小吃店　B. 开网店　C. 专利成果转化后创办高科技企业

2. 机会型创业

机会型创业是指在发现或创造新的市场机会下进行的创业活动。创业者把创业作为其职业生涯中的一种选择。

机会型创业与生存型创业看重的市场机会不同。前者看重的是开发新市场或发现现有市场的新需求；后者则很少考虑创业是否进入了新市场，即使创业者开创了新市场，也是规模较小的市场。

相比生存型创业，机会型创业不仅能解决创业者个人的就业问题，而且能解决更多人的就业问题。机会型创业要抓住新的市场机会，其产品或服务应拥有更高的技术含量，只有这样才有可能创造更大的经济效益。

思维训练

周 × 的创业之路

1995 年，周 × 毕业后就职于某大型国有企业，短短 3 年时间就身居企业要职。1998 年，互联网的热潮冲击着周 ×，他有着自己的思考——互联网必将改变每个人的工作和生活，但复杂的英文网址却成为老百姓上网搜索的一道屏障，这个屏障也让众多中国企业的网站丧失了商机。据此，他提出了“中文上网”的理念。简单来说就是，假如想要访问某个中文网站，只要在地址栏输入相关汉字，就可以直接搜索到该网站。为此，周 × 毅然辞去令人羡慕的职位，全力以赴实现自己的创业梦想。

在那个风起云涌的网络时代，大批海归携带大量风险投资和创业计划书进入这个领域，周 × 遭到了很多人的嘲笑——没有风险投资，没有商业计划书，没有海归这个时髦的标志，没有复制国外现有的商业模式，只有一个简单的点子。大家认为这种类型的创业太简单了，根本没有任何商业价值。然而，周 × 却头也不回地带着几个程序员，在中关村租了一个简陋的两居室，开始了他的梦想之旅，他坚信一个企业要在中国成功，就要适合中国国情。

1998 年，凭借几十万元投资和自己的一点积蓄，周 × 注册成立了公司。在那个简陋的两居室里，周 × 和他带来的几个程序员白天在计算机前忙碌，晚上就把计算机搬下来，拼桌子当床睡。

1999 年，当初始的几十万元投资即将用尽时，他们的产品终于问世了。第二天，周 × 就接到了投资公司打来的电话，并被风险投资人约见。两个小时后，投资公司就决定向其投资。事后，风险投资人告诉记者，投资周 × 的公司就是因为看好周 × 这个创业者，他与一般的创业者不一样，身上有种特别的东西。

讨论：在课堂上以 5~6 人为一个小组，由每组组长组织大家进行交流。分析在周 × 的创业经历中，他面临的机会分别是什么类型的机会，他是如何抓住这些机会的。

机会型创业可以分为如下几种类型。

（1）复制型创业

在现有经营模式基础上进行简单复制的创业。

如某人原先担任某家电公司部门主管，后来他离职创建了一家与原家电公司相似的新家电公司，且新组建公司的经营风格与离职前那家公司基本相同。

现实中这种复制型创业的例子特别多。因为创业者在前期生产经营过程中累积了大量的经验，所以新组建的公司成功的概率很高。在这种类型的创业模式中，创新贡献较低，创业者所从事的仍旧是熟悉的工作。

很多创业者通过这种模式完成了第一桶金的积累以及个人管理运营经验的积累，为进行更高水平的机会型创业奠定了基础。

（2）模仿型创业

模仿型创业是创业者跳出自己过去的经验范围，模仿其他行业的模式进行创业。在模仿型创业中，初创阶段的创新成分可能并不多，创业者仅仅是引入已经在其他领域获得成功的商业模式到自己的领域。

如某汽车品牌服务中心总经理辞职后，组建团队模仿别人成立一家汽车后市场网络公司，有可能获得风险投资。

这种创业具有较高的不确定性，学习过程较长，经营失败的可能性也比较大。如果创业者注意把握市场进入契机，能够快速学习成长，也有可能创业成功。

（3）开创型创业

开创型创业的创业者将从事一项全新的产品或服务经营活动，由于是创造新价值，将面临较高的失败可能性。

一旦成功，创业者有可能改变一个行业的格局，乃至对人类生产生活产生巨大的影响，因此这种创业预期回报很高，对那些充满创新精神的人来说很有诱惑力。风险投资也特别偏好追逐这样的创业者，这样的创业者也许是创业精神最好的代言人。

此类创业需要适当的创业时机、合理的创业方案、综合能力强的创业者，以及科学的创业管理体系。

思维训练

某技工院校机电相关专业毕业生小张，在平日的学习和工作中经常为更换不同类型的螺钉旋具耽误时间而苦恼，于是他根据自己的专业所长，在老师指导下，带领团队承担了一体化多功能螺钉旋具项目的开发工作。该螺钉旋具只需要一个底座，就能基本解决各种螺钉的嵌入和取出问题。着眼于螺钉旋具这么一个小领域，该项目创业团队获得了 4 个外观专利、2 个实用新型专利，以及 1 个发明专利。从初创到设厂生产，这一项目已经发展成年销售额 1 560 万元的企业。

讨论：这个项目的开发属于哪种类型的创业？

课堂讨论

以下案例中，谁在从事创业？是生存型创业还是机会型创业？如果是机会型创业，那么是哪一种类型的机会型创业？

1. 一位女同学喜欢在业余时间制作糕点，同学们经常称赞她的手艺。后来她建立了一家公司来制作和销售糕点。

2. 一位同学把自己的闲置物品拿到二手交易网站销售，从而获得一定的收入。

3. 一个公司想出一个创意：低价购买一批淘汰的飞机，建设一个以航天为主题的游乐园。

4. 一位计算机专业的同学开发了一款垃圾分类的插件，并把它卖给某公司获得收益。

第二课　什么样的人适合创业

对于创业，同学们经常会有各种各样的疑问：

“我们学生创业能成功吗？”

“毕业后是先就业好，还是先创业好？”

“创业失败还有公司会要我吗？”

“有投资人认为学生创业不靠谱，只投有工作经验的人。而又有投资人认为职业经理人缺乏创意和闯劲，宁愿投在校创业的学生。我该听谁的？”

“人家 ××，只比我大一岁，公司都拿到投资了！”

学生当然可以创业，机会随时都会有，创业没有早晚之分，关键是你做好创业准备了吗？

一、创业者需要具备的能力

有企业家曾分享过一个观点，认为好的创业者需要具备十项能力：

1. 强烈的欲望。
2. 超乎想象的忍耐力。
3. 开阔的眼界。
4. 善于把握趋势又懂人情事理。
5. 敏锐的商业嗅觉。
6. 良好的人脉。

7. 谋略。

8. 胆量。

9. 与他人分享的愿望。

10. 自我反省的能力。

事实上，如果拿这些条件去比对，我们会发现绝大部分创业者都不完全具备以上能力，甚至一些成功的创业者刚刚起步时也不具备以上全部能力。但是，每一个成功的创业者在创业的道路上，一直在不断完善和提高自己这些方面的能力。

对于一个想创业的人，创业的第一个关键点并不是拥有资源和资金，也不是发现好项目，而是要弄清楚“我是谁”。

我是谁——我和其他人不一样的地方。

我擅长做什么——别人“抢不走”的核心技能或资源优势。

怎样把我的特长或资源变成现金——懂得市场交换法则且能快速变现。

二、什么样的人创业难度大

如果一个人有下面六种倾向，那么其创业的难度往往较大。

1. 倾向于执行命令。

2. 倾向于帮助他人实现梦想。

3. 不喜欢艰苦的工作。

4. 与生活中的每个人都相处融洽。

5. 认为世上万物都刚刚好。

6. 觉得自己容易受到他人的影响，并很轻易接受他人的观点。

什么样的人创业容易成功呢？请阅读思维训练中的案例。

思维训练

小刘从教育培训领域入手开始了第一个创业项目。他的项目主要是教学员提升写作能力，但他发现写作培训的学员支付培训费用的意愿不高。于是，他做了两件事。第一，课程内容标准化，把原来靠老师讲的内容做成书和视频，固化课程内容。第二，学员水平等级化，制定分等级的考核指标，并依此划分不同学员的水平等级。

完成这两件事情之后，他开始联系下游的机构，也就是内容需求方。他向机构介绍他那里有学员，可以帮助他们远程写稿。他联系了两类单位。第一类是创业公司，其有强烈的新媒体传播等宣传需求，而小刘的学员不占创业公司员工名额，并通过远程宣传服务获得劳务费。第二类是影视公司，其需要大量的故事脚本，学员可以提供大量原创内容供影视公司挑选。

对于学员来说，学完写作还能做兼职，这是他们没想到的。于是，学员的积极性都被调动起来了。

一个多月的时间，小刘的项目对接了几十家创业公司、影视公司，给几十个学员创造了工作机会。优秀学员的劳务费已高达几万元。

因为给学员提供了额外的附加服务，小刘的公司也从一家不知名的写作培训机构变成了内容众创平台。他发现，这种创业比单纯的写作培训创业更具成长性。

讨论： 你认为小刘的创业过程中有哪些方面值得借鉴；要完成小刘的创业项目，他应该具备哪些能力。

三、什么样的人更适合创业

连续创业的王 ×

王 × 是一位持续创业者，他先后成功创建了一个校园社交网站、两个餐饮团购网站。

2004 年初，他中断了在国外的博士学业，带着社交网络服务领域的创业计划回国创业。“当时除了想法和勇气外，一无所有，我读完本科就去了国外，除了同学没什么社会关系，回来后找到了一位大学同学、一位高中同学，3 个人在黑暗中摸索着开干了。”王 × 回忆说。

2005 年秋，王 × 决定专注于一块细分市场——校园社交网络服务。他们研究和学习国外在这方面的成功例子，综合之前在社交网络服务领域的经验和教训，并结合国情，开发了网站。发布 3 个月，网站就吸引了 3 万名用户，增长迅速。该网站于 2006 年以上千万元的价格被收购。

王 × 是一位思维格外严谨的人。他习惯在做每一件事情的时候，把这件事情每一阶段的步骤、重要性都想得非常清楚。比如，做团购，他认为在线上和线下联系紧密的市场中最大的市场是餐饮。十几亿的城镇人口，一天以两顿饭计算，几亿单潜在的市场不成问题，这比酒店、电影等市场都要大很多。

在资源比较有限的时候，王 × 全力做了餐饮团购。而王 × 的对手尽管拿到的投资比他更多，但精力分散，做了餐饮团购、食品团购、酒店团购等，结果战线太长，创业并不顺利。

如果观察不同领域成功的创业者，会发现他们在能力和个性上区别很大，似乎很难找到共性。那么，优秀创业者的特质到底是什么呢？

优秀创业者至少应具备以下三点特质。

1. 能发现潜在商机

好的创业者不仅仅能够看到机会，还要有能力在别人对市场前景模糊不清时就提前看清。

2. 能团结志同道合的人

好的创业者需要不断提升个人综合素质，能够吸引优秀的人才加盟创业团队，将事业做大。

3. 能在风险压力下坚持到底

创业过程中充满各种不确定性。但好的创业者总是能够通过快速学习和及时调整来化解风险、解决问题，从而使自己的企业生存下来。

创业者每天都要在风险压力下与各种不确定性进行斗争，有的人喜欢这种不确定性，而有的人不喜欢。因此，创业前应充分考虑自己的实际情况。

课堂讨论

有人说优秀创业者的特质应该包含不屈不挠、有激情、能承受不确定性、有远见、自信、有灵活性、能打破常规等。你认同吗？有没有反例？

第三课 创业形式与创业精神

一说到创业，很多人就想到开公司。但实际上，创业除了开公司，还有很多选择。比如，摆小摊就可以算是一种生存型创业。好处是启动成本低，如果创业者缺少资金，以这种方式起步积累资金也是可以考虑的。

一、适合学生的四种创业形式

对于学生而言，一般来说可以考虑如下四种形式的创业（见表 1–1）。

表 1–1 适合学生的四种创业形式

项目	创业形式			
	个体工商户	电商	加盟代理	独资企业
典型案例	摄影工作室	销售面膜	加盟连锁店	科技型公司
优点	按项目式运作	启动成本低	享受品牌标准化管理指导	有机会获得资本投资和创业扶持
缺点	难以承接大项目	没有独立法人资质	一次性投入高	管理运作成本高

1. 个体工商户

有些工作室有个体工商户性质，一般是凭借专业技能承接小项目，如果客户要开发票，可以向税务机关申请领购发票。

2. 电商

电商创业是指利用互联网手段进行的商业创业活动，其核心是利用电子商务平台进行商品的推广和销售。相对于传统创业形式，电商创业的门槛相对较低，不需要大量的资金投入，也不需要过多考虑库存和实体店面等问题。

3. 加盟代理

可以加盟的品牌通常具有较高的知名度和美誉度，因此加盟商可以借助品牌的影响力来提升销售额和扩大市场份额。

加盟总部通常会提供全面的商业支持，包括技术培训、管理培训、营销策划、售后服务等，帮助加盟商更好地经营。此外，加盟总部还会提供产品采购、配送和质量控制等方面的支持。

加盟代理具有品牌优势、经营优势、规模优势、风险控制优势等，是一种较为稳健和可靠的创业形式。

4. 独资企业

如果个体工商户模式不利于开展业务，开公司又相对复杂，创业者在有固定工作场地的情况下，可以考虑注册个人独资企业。

所谓个人独资企业，是个人成立的以个人财产对企业债务承担无限责任的自然人企业。个人独资企业必须是创业者个人全部出资，没有人合伙，赚的钱归创业者，亏了钱也全部由创业者承担。

个人独资企业不能叫 ×× 公司、×× 有限公司，但可以叫“×× 创业园服务中心”这样的名字，注册费用也不高。

注册个人独资企业有什么好处？第一，纳税额低，不需要缴纳企业所得税，只需要缴纳个人所得税；需要开发票时，可在当地税务部门凭合同开具。第二，注册名是受保护的，他人不能使用。

二、学生创业应注意的问题

第一，不要认为只有注册了自己的公司才是创业，在企业工作就不是创业。在企业工作，如果你能把企业的发展目标当成自己的事业来做，你终究会成就自己的事业；如果你认为“反正这是领导的事，我拿一份工资干一份活而已”，那么你很可能一事无成。

华为智能手机业务主要负责人，就是在华为内部用几年时间把智能手机做成了华为的核心业务，让华为的公司定位有所改变，这何尝不是一种了不起的内部创业？这种内部创业一点也不比在外面创业简单。

第二，不是每个人都适合“做老板”，也不是每个人都适合现在就“做老板”，选择创业时，一定要综合考虑自身情况。

思维训练

还在读书的小刘经常利用空闲时间去学校外面的商场做兼职促销。每晚回校时，也常有同学请他捎带夜宵。一家汉堡店见小刘买得多了，提出愿意给他提成。那时，外卖骑手还没兴起，学物流管理专业的小刘敏锐地发现，送餐可以做成一门生意。

一部二手手机、一辆二手自行车、一沓黑白传单，小刘开始了自己的“无本创业”。他每天 5 点起床取早餐，三餐之间回学校上课，下课后一直忙到晚上 10 点。看到学生群体旺盛的需求后，小刘决定扩大业务规模，发展本校和邻校的兼职学生跟着自己干，周边的十几所学校和企业都在他的业务范围内。

后来，小刘在学校组建了创业团队，当起了负责人，团队迅速发展，员工最多时达到 300 人，成了某外卖巨头在当地最大的代理商。

后来，国内众多媒体纷纷报道了小刘的创业故事。一时间，这位学生成了创业典型，不仅获得了校内外各种荣誉，还被一些知名高校邀请去做讲座。

讨论：你认为小刘在校期间创业合适吗？你认为小刘选择开公司合适吗？如果你是他，你会选择休学或者退学专心创业吗？

拓展阅读

晋商也称山西商人。明清两代是晋商的鼎盛时期。晋商经营盐业、茶叶、票号等商业。

以茶叶生意为例，晋商在创业过程中体现出以下优良的经营理念：薄利多销的竞争策略、市场调研和预测思想（“跑街”）、品牌经营思想（如大盛魁小号“三玉川”）、满足目标顾客需要的服务（晋商按不同区域、不同民族顾客的不同要求分别加工、包装产品，以满足其不同需要）、诚信营销（梁启超称“晋商笃守信用”）以及生产、运输、销售、配送产业链经营思想（如晋商为了经营国际市场上的茶叶生意，亲自找地方生产茶叶，自己负责供应、运输、包装和配送到国外市场）等。

晋商当年的成功离不开对生活细节的观察，盐业、茶叶、票号都和老百姓的日常生活密切相关，他们在别人的不经意中实现了创业致富的梦想。

第二单元

创业机会与商业模式

学习目标

★了解如何发现创业机会。

★学会识别并处理创业项目中遇到的创业风险。

★了解如何创造创业条件。

★了解商业模式。

翻转课堂

本单元导读

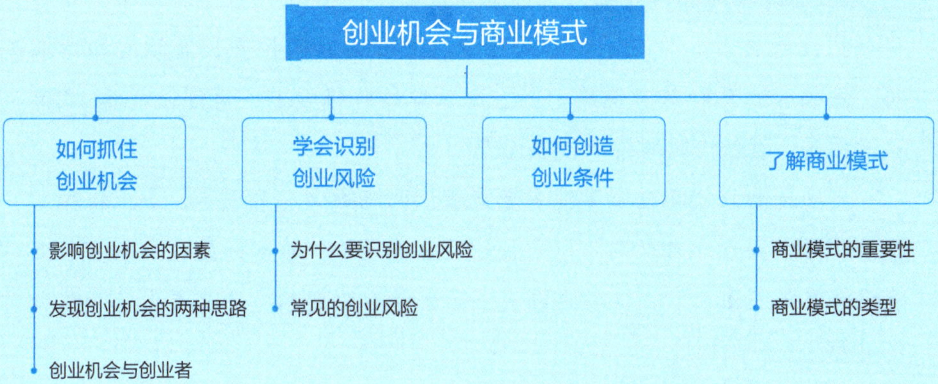

创业机会与商业模式

- 如何抓住创业机会
  - 影响创业机会的因素
  - 发现创业机会的两种思路
  - 创业机会与创业者
- 学会识别创业风险
  - 为什么要识别创业风险
  - 常见的创业风险
- 如何创造创业条件
- 了解商业模式
  - 商业模式的重要性
  - 商业模式的类型

创业新思路：自助型服装售卖工作室

小王通过市场调查，发现本地约70%的年轻人偏爱自助模式的服务，便和朋友一起开了一家自助型服装售卖工作室。

开业的头几个月，他们在店里值班，但不会主动向顾客推荐服装，是半自助状态。几个月后，他们开始尝试售卖全程无店员、顾客自助选购的模式。这一模式很受顾客欢迎，有时候甚至半夜都有顾客进店。顾客根据店主提供的开门密码进入工作室。

工作室是一间约30平方米的店铺，带一个卫生间。店内摆有7排衣架，陈列着不同款式的服装，均按价格排列。例如，吊带、短裙标价39元一件或69元两件，长袖、长裤79元一件或139元两件。货架上，还有几个摆放着发卡、头绳等饰品的托盘。靠近窗户的位置，有沙发和试衣间，供顾客休息和试衣使用。在靠近入口的收银台前，有字条提示："付款请扫码，有任何问题请微信咨询。"

自助选购服装既迎合了消费者需求，也能减少人力成本。小王粗算了一下，店铺实行全自助购物以来，每天客流量10~20人，月营业额基本上能保持在1万元左右。这种店铺省下了大量人力成本，主要支出是房租和水电费。

1. 自助型服装售卖工作室的创业机会来自哪方面的市场变化趋势？

____

____

2. 你认为自助型服装售卖工作室应采用什么样的盈利模式？

____

____

第一课　如何抓住创业机会

在整个创业过程中，评价创业机会的时间非常短暂，但它非常重要，是创业者发现创业机会之后做出创业决策的重要依据。

一、影响创业机会的因素

一般而言，影响创业机会的因素如下。

- 制度变革。
- 社会和人口结构变化。
- 技术升级。
- 产业结构变化。

课堂讨论

请就以上因素说说你的理解，并完成以下讨论。

举出一个你知道的制度变革带来的创业机会。

举出一个你知道的社会和人口结构变化带来的创业机会。

举出一个你知道的技术升级带来的创业机会。

举出一个你知道的产业结构变化带来的创业机会。

二、发现创业机会的两种思路

发现创业机会一般有两种思路，一种是发现市场的空白点，另一种是抢占现有市场中的份额。

一般而言，不会只有你一个人看到了市场空白点。如果发现了市场的空白点，要想想为什么是你而不是别人能发现和占据这个市场，你的发现有多大的价值。

如果要抢占现有市场中的份额，你或者需要提供更有竞争力的价格，前提是你还有利润；或者提供性能升级的替代品，前提是客户对升级的替代品需求很强烈；或者提供更优质的服务，前提是优质服务能帮助客户创造更大的价值。

三、创业机会与创业者

发现了创业机会，形成了好的创业点子，并不意味着要创业，更不意味着成功就在眼前。创业是创业者与创业机会的结合，并非所有的创业机会都有足够多的回报来填补为把握机会所付出的成本，也并非所发现的机会适合每个人。

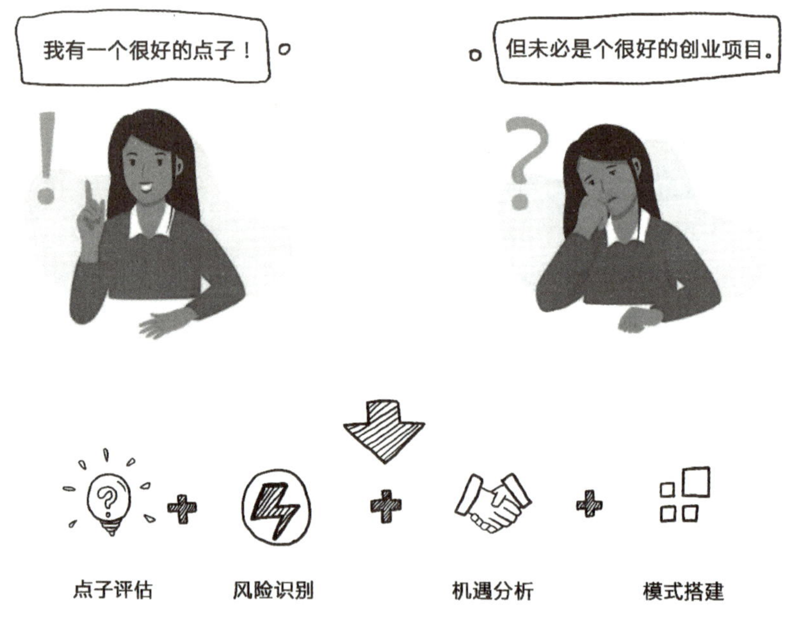

点子👍 + 创业者　　　　点子 + 创业者👍

优秀的点子加普通创业者和普通的点子加优秀的创业者，你认为哪个好?

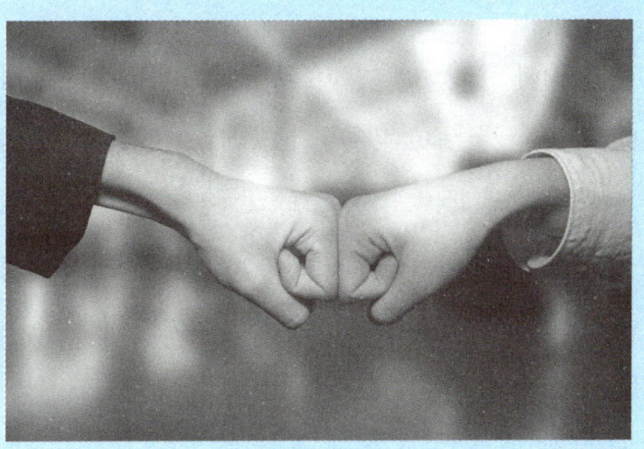

当你想到一个好点子的时候，可以先在网上搜索，看看是否只有你一个人想到了。如果你发现还有人想到了类似的点子，你应该研究下他们是否成功了，成功或失败的原因是什么。

市场上的好项目其实不少，但是适合自己的好项目就很难得了。有的项目对于成功创业的企业家来说是很好的再创业机会，而对其他人来说可能就是个陷阱。

普通的点子遇到优秀的创业者后，优秀的创业者会很快把点子发展为可以在市场上进行检验的产品原型或商业概念。如果发现点子存在缺陷，优秀的创业者会迅速改进产品或者果断放弃投入。

思维训练

市面上有一款致力于提供健身教学、运动记录、健身饮食指导，以及社交、装备购买等一站式运动解决方案的运动健身应用程序。

应用程序的创始人是一位健身爱好者。他在健身过程中发现互联网中针对健身的信息较为零散，并且不利于人们制订科学的健身计划，最重要的是网络环境中缺少同伴鼓励的氛围。这一系列的问题使他萌生了做一款健身应用程序的想法。

该应用程序在构建健身教学、运动记录、社交和商城等核心功能模块之外，着重发展健康饮食指导功能和社区属性。网络信息的复杂性和分散性使用户不能准确、科学地选择适合自己的运动健身饮食方案，而该应用程序的饮食指导模块为用户提供了丰富的健康食物库、科学饮食指南和分类菜谱，并且为用户提供较为全面的食品营养信息，以更科学和高效的方式为用户提供健身、减肥的饮食方案。

讨论：该应用程序是一个有潜力的创业项目吗？你还听过类似的项目吗？有没有成功的案例出现？你认为原因是什么？

思维训练

花田是一款专为热爱花艺的用户设计的应用程序。该应用程序汇集全球的花艺名师，为用户提供了便利的学习课程。此外，花田每天增加新的内容，给用户提供全新的花艺体验，用户还可以在线预订设计师的花艺作品。花田同时提供了花艺线下活动，让用户可以面对面交流学习，帮助用户成为花艺达人。

讨论：你觉得这是一个好的创业项目吗？

第二课　学会识别创业风险

一、为什么要识别创业风险

有些人把创业描述成铺满鲜花的光明大道，但统计数据告诉我们，创业的成功率非常低。创业前首先不要幻想创业成功后的喜悦，而应该先想清楚你可以承受多大的创业风险。想清楚风险后，你就能以健康的心态来面对创业过程中的波动。

思维训练

曾经成功创建交友网的小海在公司国外上市路演的过程中只能依靠翻译完成工作。回到北京后，她决定恶补英语，花 6 万元报了一门精品英语培训课程，却发现每次奔赴上课地点会额外花不少时间，这对于工作繁忙的小海来说很难坚持。于是，她开始关注在线教育领域，并最终产生了创办一个英语培训网站的念头。

小海依靠自有资金以及投资人的资助，在两年时间内，先后创立了三家在线教育网站。但速度快并不意味着效果好，网站先后倒闭。小海最终梦碎。

讨论：请大家讨论小海创业失败的原因。

对于一个创业项目来说，我们首先要学会识别其中的创业风险。在市场中，没有稳赚不赔的项目。可以说，看不到风险才是最大的风险。

二、常见的创业风险

在创业项目运作中，可能会遇到的风险和处理方式包括但不限于以下几个方面。

1. 法律和政策风险

国家法律和政策规定不允许进入或扩大的行业，不要考虑。

2. 金融风险

银行利率、外汇汇率的调整可能带来经营成本的增加。

3. 行业准入风险

每个行业都有高低不等的准入门槛，比如产品是否要达到行业标准才能上市、竞标项目所需的企业资质和人力资源资质，等等。

4. 技术成熟度风险

从产品原型到商业化产品，要走的路很长，产品实测效果达不到预期，可能造成产品延期上市或者无法上市，甚至导致企业经营困难。

5. 产品质量风险

大规模生产时产品质量不过关、次品率高，等等。

6. 人力资源风险

企业快速发展过程中难以找到足够多的人才，导致产品或服务质量急剧下降。

7. 流动资金风险

资金快用完时，还没有收入进账。

8. 突发事件风险

同行业的突发事件对本企业的冲击。

9. 市场竞争风险

市场竞争过于激烈可能产生风险。

10. 管理风险

创业者缺乏团队合作和企业运营管理经验，企业发展过慢或过快都会遇到管理上的挑战。

很多看起来有利可图的项目，没有人做，往往是因为大家看到了风险，并认为风险是不可控的。

以上这些风险中最大的风险其实是人的风险。如果在创业团队中有经验丰富的创业人才，那么这些风险在创业之初会被充分考虑或采取相应措施予以规避。

思维训练

某手机发布会上发言人足足说了2个小时，好评如潮，手机的预订量超过了所有人的预期。但是该公司无法马上提供手机现货，要求消费者等待2个月。

2个月后，手机发货量严重不足，有的消费者等待了3个月还没有拿到手机。

从期待到失望，只经过了短短3个月。手机销售不到半年就大幅降价。

讨论：在手机发布过程中，该公司低估了哪些方面的风险？该公司为什么不能提前预见到这些风险？或者明明知道有风险为什么还要开发布会呢？

第三课　如何创造创业条件

对于想创业的学生来说，需要考虑如何从众多机会中找到有价值的创业机会，找到自己有竞争力的优势项目，并快速采取行动把握机会。

将一个创业机会变成具体的创业项目，每个创业者都要分析其创业的优势和劣势、资金的来源等。当我们发现创业机会时，要思考上述问题，客观分析后，再进行创业实践。

思维训练

“美食小圈”的虚拟会员卡

不知道你有没有买过学校周边商铺的实体会员卡？这种卡的商业模式可能是一些社团先和校园周边的各个商铺谈妥优惠合作（如凭这张卡买某家店的奶茶可以优惠 1 元），然后将每张会员卡以十几元或几十元的价格卖给在校学生，从而获取收入。数字时代，这种实体会员卡逐渐网络化。下面我们以一个虚拟的微信公众号“美食小圈”为例，向大家展现其商业模式。

“美食小圈”微信公众号有两个功能，第一个功能为折扣功能，即把实体会员卡变为虚拟会员卡。当学生到某家店消费时，打开“美食小圈”公众号找到该商家便可以得到折扣。

前期“美食小圈”先免费拉入合作商家，并免费向学生开放。通过产品上线前后的营销（如朋友圈收集点赞数等），公众号吸引了足够多的用户关注。“美食小圈”上线一个星期吸引了全校60%的用户，这之后该公众号根据用户关注数向入驻的商家收取入驻费用，并通过向用户推送某个商家新上线产品或促销活动等收取广告费用。

用第一个功能给公众号增加人气迈过启动阶段后，“美食小圈”公众号开通了可以带来利润的第二个功能——外卖，平台向入驻商家收取订单提成。最开始，公众号选择的都是原本便配有外卖人员的商家，目前公众号也正在建设自己的物流团队，计划统一派送，避免不同商家各自配送同一客户所带来的人力浪费和低效问题。

下一步，“美食小圈”团队计划向其他学校复制这种商业模式以寻求规模化。在复制过程中，创业团队负责核心技术，其他学校加入进来的团队负责联系商家并设计推广活动。

创业团队并不擅长商业策划和营销。所以他们正在思考如何解决这个问题。

讨论：“美食小圈”选择的创业机会除了他们自己分析的优势、劣势外，还有哪些优势、劣势需要考虑？

建议在进入一个创业市场前，与潜在竞争对手进行对比，了解自身核心优势在哪里，思考哪些优势是很容易被竞争对手复制的，哪些优势是短期内不容易被复制的，并填写表2-1。

表2-1 创业优势分析

创业优势	我们的情况	对手的情况
启动资金		
人工成本		
生产成本		
技术含量		

续表

创业优势	我们的情况	对手的情况
地理位置		
服务质量		
抗风险能力		

值得进一步思考的是，如果是竞争对手不容易复制的优势，我们能否围绕这个优势形成对用户有吸引力的卖点并进行商业推广，以此切入市场，扩大竞争优势，充分占有市场份额。

思维训练

学生的水果电商创业路

学生小森在微信上做水果电商，以“个”为单位把水果卖给不想出门的同学，自己打通了从进货、仓储、分拣到配送的各个环节。

“最初很生疏，别人会觉得你还是个学生。差不多跑了大半个月，后面就很熟练，现在像‘老油条’一样。”小森说，“市场每天都在动态变化。价格在变化，质量也在变化。所以现在我会多选几家供货商，但不会固定买哪一家的水果。”

如果说进货只需要逐渐摸清水果批发市场的规则就能熟练起来，那么水果的分拣、配送问题就不是可以随时间而轻易解决的了。在分拣没有形成一套规则的时候，五六个人忙一天，才能处理约 1 000 元的订单，而且可能还会出现问题。

但现在小森将拣货、发货的过程拆分、优化之后，3 个人每天可以处理 4 000 元的订单。小森是按照预挑选、订单按区域分类、工作台打包、订单分拣的方式来提高效率的。

卖了几个月水果，小森最大的感悟是："应该以物流的思路去做电商，因为电商需要'量'，要承受住大'量'就必须使物流规范化。"

讨论：小森在创业过程中，前后阶段发生了哪些变化？他做这个创业项目的核心优势在哪里？

第四课　了解商业模式

简单来说，商业模式就是一个企业满足消费者需求的系统。这个系统组织和管理企业的各种资源（包括资金、设备设施、原材料、员工、技术、销售方式等），向消费者提供所需的产品或服务。

一、商业模式的重要性

好的商业模式可以把先进的技术和社会需求连接起来，创造新的价值。

商业模式很重要，是企业的立命之本。任何一个创业项目在创立之初，都需要研究商业模式。商业模式也并不是一成不变的，应当随着市场需求、产业环境、竞争形势的变化而不断调整。很多创业项目在整个创业过程中经历过多种商业模式的转变，以适应市场环境的动态变化。

有的模式恰好匹配创业团队的竞争优势，运作起来就相对轻松；有的模式即使需要付出很多精力，效果也不理想。因此，选择、设计一个好的商业模式会事半功倍，而商业模式本身也成为企业战略管理的一项重要内容。

二、商业模式的类型

好的商业模式符合社会发展规律，且能够随着社会变化和技术进步不断升级。比如，大部分互联网公司的商业模式在本质上都是对传统商业模式的升级。

表 2–2 是一些常见的商业模式类型。

表 2-2　常见的商业模式类型

模式类型	典型案例
代理模式	全国各地的茶叶分销商和专营店
直销模式	官方网站上售卖的笔记本电脑
加盟模式	餐饮连锁店
会员模式	健身房会员年卡
平台模式	淘宝、京东
订阅模式	小说网站
效用模式	手机流量收费业务
付费服务模式	律师事务所
广告模式	电视、电台、报纸、门户网站
分期付款模式	信用卡的分期付款业务
……	……

表 2-2 中有一些模式类型较为典型，介绍如下：

代理模式：该模式中的代理商又称中间商。一般来说，代理商不购买产品，不必为产品付款，也没有产品的所有权。代理商必须将产品销售后取得的货款返还给生产商，生产商则根据协议向代理商支付费用。

直销模式：直销模式通过去掉中间商，降低产品在流通环节的成本，这是一种高效的商业模式。

加盟模式：加盟模式是指企业把自己开发的产品和营业系统以合同的形式授予加盟店，使其取得规定区域内的经销权或营业权的商业模式。

会员模式：会员制主要被零售商采用，是一种以会员形式向消费者提供产品和服务的商业模式。会员缴纳一定数额的会费或年费从而享受一定的价格优惠或折扣。

平台模式：平台模式在经济学上是一种双边市场，一边是卖家，一边是买家。平台主要做撮合和匹配的工作。平台上的商家出售产品，负责经营。

订阅模式：该模式常用来销售报纸杂志、有线电视节目等。网上订阅模式越来越受大众欢迎，其所涉及的内容主要包括在线服务、在线出版、在线娱乐等。

效用模式：它是一种定量使用或者随用随付的商业模式。

思维训练

小陈开了一家馒头店，手工制作的大白馒头香气扑鼻，1元1个、10元可以买12个。生意好的时候一天能卖2 000个，不好的时候也能卖500个。

后来，小陈用互联网思维设想这样经营馒头店。

1. 只要顾客在店里买豆浆，馒头只需要5角一个。豆浆成本3角、卖1元1杯，他每天能卖3 000个馒头、3 000杯豆浆——关联营销。

2. 后来，馒头不要钱免费送，只需要顾客买豆浆就行——免费策略。

3. 来的人越来越多，馒头做不过来了，小陈买了1台馒头机，只要顾客买豆浆就可以自助做馒头——用户原创内容。

4. 来的人更多了，只要是老顾客，小陈就提供小板凳、遮阳伞，方便顾客更舒服地排队——增值服务。

5. 如果顾客一次订一年的豆浆，小陈还提供优先买豆浆服务——会员体系。

6. 人越来越多，小陈决定把隔壁的铺子也租下来——扩大产能。

7. 隔壁的铺子不卖馒头、豆浆，只卖油条、稀饭——丰富产品线。

8. 小陈请人写了篇文章《人间自有真情在，白送馒头5年》，并传播出去——宣传推广。

9. 连锁店开起来了，一家提供板凳，另一家提供真皮沙发，有真皮沙发的这家，产品要贵5角——差异化服务。

10. 看到开馒头店能赚钱，一条街上开了七八家，于是小陈的馒头店不仅免费送馒头，送一个馒头还送顾客2角——补贴。

11. 隔壁街的商场要来小陈的店铺发传单，小陈收取2万元——流量变现。

讨论：你觉得这个商业模式里有什么漏洞？

拓展阅读

创业机会从何处来

1. 从问题中寻找

满足客户需求是企业的根本任务，如果无法满足客户需求，那就存在问题。发现创业机会，需要一双善于发现问题的眼睛，找到日常工作、生活中遇到的难处或尚未得到解决的问题，就找到了创业机会。

比如，共享单车因有效解决了城市“最后一公里”的问题，深刻改变着城市交通格局，给城市居民的绿色出行带来了极大方便。

2. 从自己的优势中寻找

一个人想要取得成功，就要对自己有清晰的认知，找到自己的优势，在此基础上运用外界资源寻找突破口，最大限度地激发潜能，进而充分发挥自己的优势，在社会上产生价值。

比如，（请写下你的创业优势）________________________________

____

____。

3. 从变化中寻找

城市化进程加速、消费结构升级、观念改变、收入提升、全球化趋势等，这些都蕴含着机会，只要善于发现和利用，就能成为新的创业机会。

比如，互联网全球化使网购成为常态，加之居民收入提高和消费观念改变，房屋清洁、外卖、跑腿、代购等创业机会随之而来。

4. 从竞争中寻找

市场竞争激烈，挑战与机遇并存。同行之间相互竞争，如果你能发现并解决竞争对手的问题，那么你就比竞争对手更有竞争力。

5. 从新知识、新技术中寻找

如今是知识经济时代，一个显著特征就是信息爆炸，技术更新迭代非常快。

比如，抖音刚推出时，看到创业机会的人们便利用这个平台结合自身细分领域优势成为博主。

第三单元

创业团队的组建

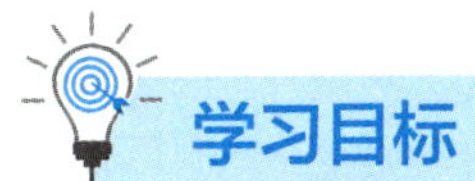

学习目标

★了解如何选择创业合伙人。

★了解创业筹资及权益分配的原则。

翻转课堂

本单元导读

- 创业团队的组建
  - 创业合伙人的选择
    - 找不到合伙人的原因
    - 什么样的合伙人是最合适的
    - 如何选择创业合伙人
  - 创业筹资及权益分配
    - 创业合伙之前应考虑的问题
    - 股权分配如何设计
    - 股权设计需注意的事项

一个好汉三个帮

某学校的创业基地中有一个由4名学生组成的创业团队，团队核心成员是小江。小江带领这个团队成立了一家公司，并将公司定位为语言培训服务类企业。由于缺乏经验，他们只能进行一些小语种方面的培训。为了解决师资力量匮乏的问题，小江打算再找一些有能力的、想创业的同学加入他们的团队。经过团队成员们的认真筛选，仅用了一周的时间，整个团队的规模就从最初的4人发展为8人。

团队成员各有所长，有的口语能力强，有的擅长分析考试的重点和难点，还有的取得过语言等级考试的高分。这些富有创业激情和才华的合伙人加入公司后，不仅使公司的氛围变得不一样了，还让语言培训班得以顺利开班，公司也开始盈利。

到了创业后期，由于团队成员专业知识扎实，公司形成了相对稳定的客户群，还增开了其他类型的培训班。由于客户的考证通过率较高，所以公司的口碑越来越好，报名的人也越来越多。

1. 小江所带领的团队创业成功的关键因素是什么？

____

____

2. 如何组建一个优秀的创业团队？组建创业团队时有哪些注意事项？

____

____

第一课　创业合伙人的选择

创业往往需要解决产品技术、市场推广、客户服务、内部管理、外部关系等方方面面的问题，很少有创业者能够面面俱到，即便你工作能力强大到能全部解决这些问题，你的时间和精力也有限，这就要求你把一部分工作分配给同伴。

创业公司起步阶段需要全心全意投入，所以创业者不仅要引入工作同伴，而且要引入能全身心投入的同伴，这种同伴也就是我们所说的创业合伙人。

一、找不到合伙人的原因

一个找不到合伙人的创业者很可能并不适合创业，至少现在不适合创业。找不到合伙人的原因，可能有以下几种。

1. 对所需要的合作伙伴还不明确，不知道该找什么样的合伙人。
2. 不善交际，朋友圈很小，缺乏可供选择的合伙人人选。
3. 人至察则无徒，对人非常苛求，找不到合伙人。

二、什么样的合伙人是最合适的

寻找合伙人，应从价值观和业务能力两个维度去考虑。创业者和合伙人应有相似的企业发展愿景，为了共同的理想和目标而奋斗，可达到事半功倍的效果。创业团队合伙人的工作能力和经历背景最好能够互补，但在创业初期，同一件事情最好只由一个人来负责。比如，某个合伙人负责技术，那么所有与技术开发相关的事务都应该由这个人来负责。

如果你考虑组建团队而又一时找不到合适的搭档，可以先做事，后组队。

先做事指的是成立项目制的临时性组织，从具体项目开始做尝试。如果合作得不好，无论成败，项目结束，临时性组织自动解散；如果合作得好，可以继续合作，如果连续几个项目合作都不错，并且已经有了可持续盈利的模式，再考虑形成一个真正的创业团队。

此外，创业者在学习和工作中的每一次努力，都为找到可靠的合伙人奠定了基础。

思维训练

小李和小张是同学，来自同一个城市，都被分到了同一个寝室，而且两个人的兴趣爱好也都一样。在学校，他们成为情同手足的好兄弟。小李是学生会主席，敢说敢干，亲和力强；小张是宣传部部长，写得一手好文章，也是辩论大赛的金牌辩手。二人配合相得益彰，承担了学校百年校庆等几次大型活动，深受学校老师和同学们的好评。毕业后，小李就开始创业，而小张则进入了一家大型企业做销售。

经过几年的发展，小李的公司越做越大，管理上需要帮手，这个时候他自然而然地就想到了小张。而小张也正处于职业发展的十字路口，正在考虑继续升职还是创业，正好小李提供了一个很好的选择，二人一拍即合。由于他们二人曾经在学校积累了良好的口碑，老师、同学和校友都很关注这对黄金搭档的创业项目，各种资源和人才不断地向公司汇聚，现在他们公司的发展蒸蒸日上。

讨论：在学校认识的人，哪些可能成为自己未来的创业合伙人？

三、如何选择创业合伙人

需要指出的是，在创业过程中，需要专家顾问、企业员工等各类人员的参与，他们的工作可以按劳付酬，但只有认同创业目标、可以共担创业风险、具备创业思维的人才能成为合伙人。

选择创业就选择了风险。创业是为了谋求未来的收益和发展而不是眼前的利益，这是一个最基本的创业思维。

理想团队带给我们的启示

一个理想的团队拥有 4 种人才：德者、能者、智者、劳者。德者领导团队，能者攻克难关，智者出谋划策，劳者执行有力。理想团队最大的优势就是互补。

德者的领导素质包括：目标明确，善定愿景；手握权力，合理使用；以德化人，以情感人。领导一定要多与下属交流、沟通，关心团队成员的衣食住行，营造和谐的氛围。

能者是优秀的职业经理人，有想法、执行力强、很敬业。有些能者会比较有个性。

这里所说的智者指的是能够很好处理工作中人际关系、协调各方利益的人才。他们往往性格平和开朗、心态极好、为人大度、沟通能力极强。

创业风险大，团队中劳者的忠诚度尤为重要。

理想团队的成员能够优势互补，目标统一，每个人都能发挥自己的作用，为实现最终目标而共同努力。

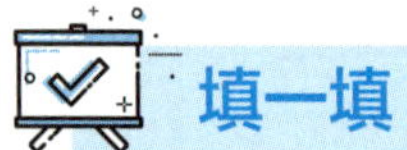

填一填

创业者如何选择创业合伙人？

许多新企业是由多人创建的，因此创业者选择一位或多位志同道合的合伙人非常重要。为了做出正确的选择，你需要做三件事。

（1）准确评价自我。

（2）清楚地描述你想从合伙人那里获得什么。

（3）准确评价他人。

以下练习能够帮助你获得这三个方面的信息。

步骤1：自我评价

请根据你的实际情况，在下列各项中选择适当的分数进行自我评价，并填入空格中。评价分数为1~5分（1分=很低，2分=低，3分=中等，4分=高，5分=很高）。

（1）与你新创企业相关的经验：____________________。

（2）与你新创企业相关的技术知识：____________________。

（3）人际交往能力（与人相处、劝说他人等方面的能力）：__________。

（4）创建企业的目的：____________________。

（5）适合作为创业者的个人属性：____________________。

步骤2：列出你对创业合伙人的需求

考虑步骤1中的自我评价，列出你需要从合伙人那里获得什么。例如，如果你在人际交往能力方面的自我评价较低，你就需要在这方面能力较高的合伙人。

（1）______________________________。

（2）______________________________。

（3）______________________________。

（4）______________________________。

步骤3：测试你是否能够准确地评价他人

请指出下列每一项陈述与自己的匹配程度，并将相应分值填入后面的括号中：根本不正确（1分），不正确（2分），既不正确也不错误（3分），正确（4分），非常正确（5分）。

（1）我能够很容易地发现他人什么时候在说谎。(　　)

（2）我能够推测他人的真实感受，即使他们试图对我有所隐瞒。(　　)

（3）我能够识别出他人的弱点。(　　)

（4）我是他人出现矛盾时的一位好“裁判”。(　　)

（5）我能够通过观察他人的行为，准确地识别出他人的特点。(　　)

（6）我能够辨别出人们在大多数情况下会以什么方式来做事。(　　)

请把你的得分相加。如果你的得分为20分或者更高，那么你可以认为自己擅长评价他人。

第二课　创业筹资及权益分配

创业资金的筹集是创业的基础。没有足够的资金，再好的创意也无法转化为现实。创业资金可以来自多种渠道，如自有资金、亲友投资、股权融资、银行贷款等。其中，常用的方法是股权融资。本课重点讲解这种筹资方式。

很多创业合伙人在创业初期对各自投入的资金、精力、工作内容以及产出回报的分配比例、股权等缺乏约定，到了企业发展阶段，合伙人易就利益问题产生争议，导致一些很有希望的创业项目因为创始人之间的矛盾而失败。

一、创业合伙之前应考虑的问题

在正式创业合伙之前，最好开诚布公地谈一谈如下问题。

1. 出钱规则

各出多少股本？占股的比例是多少？

2. 出力规则

如何分工？谁来安排和监督工作？

3. 分钱规则

赚到钱怎样分配？多少用于企业发展？多少用于个人分配？

4. 领导规则

谁来领导？如果大家意见不一致时，谁有最终决定权？

5. 退出规则

如果合伙人想退出，该怎样退出？

二、股权分配如何设计

合伙人之间约定股权时，除了按出资比例计算之外，还应当折算创始人投入的技术、品牌等资源的估值。将大家的各种投入加起来算一个总的估值，然后根据各种投资在估值中所占的比例，进行股权分配。这样就能够将创业者的投入测算好，从而起到稳固创业团队的作用。

一般而言，股权分配以出资人、拥有核心技术或品牌的人、对公司生存承担关键责任的人优先，核心创始人应获得公司的控股权。

例如，对于一家技术公司而言，负责工程、生产、技术开发、市场营销的创始人决定这个公司是否能够生存并走向成功。因此，他们应当担负更多的责任并获得更多的决策权、股权，出资人的话语权应适当降低。

公司内部担任管理职务的创始人可以分配股权，也可以不分配，视其与核心创始人之间的信任程度而定。公司财税咨询人员，如果不参与公司日常管理，可以根据创始人对公司的愿景来决定是否分配股权。

一般而言，担任公司顾问的技术、法律、财务专业人士，可以考虑在支付工作费用的同时，配给不超过 1% 的股份。给专业顾问分配股权，有利于他们更加积极地工作。

思维训练

小张应该怎样分配?

小张准备做校园鲜花配送的电商业务。他负责鲜花进货和协调各方关系，需要一个小伙伴做新媒体运营推广和程序开发，需要一个小伙伴帮忙配送，另外还需要一个小伙伴负责校园推广并兼顾配送。

他说服了三位小伙伴一起来做这个项目，项目原始资本 3 万元，他投入 2 万元，负责新媒体运营推广和程序开发的小伙伴以技术入股，另外两个小伙伴每人投入 5 000 元。

讨论：你认为怎样分配权益比例合适？说明你的分配理由。

三、股权设计需注意的事项

合伙人股权设计需要遵循以下原则，以避免今后可能产生的创业冲突。

1. 公平自愿原则

在讨论和制订合伙人股权的进入、分配和退出方案的过程中，合伙人之间需要开诚布公地交流自己的想法和期望，需要最大限度地让合伙人感到公平合理。这样，方案制订完成后每个合伙人能够专心致力于实现创业目标。

2. 股权进入原则

慎重将以下人员当成合伙人：短期资源投入承诺者、提供资金支持但不参与公司管理和决策的投资人、兼职人员和早期普通员工。

3. 退出回购原则

对退出的合伙人，一方面，可以全部或部分收回股权；另一方面，必须承认合伙人的历史贡献，按照一定溢价或折价回购股权。在什么情况下合伙人可以退出，什么情况下合伙人必须退出以及回购的价格，一定要事先非常明确地约定好，可在协议里载明股权的退出机制。

4. 一股独大原则

最大责任者、最可信任者、最佳决策者应一股独大。通常情况下，创业团队的股权分配不能搞平均主义。否则，会出现创业团队没有实际控制权人的局面，容易出现谁说了都不算的僵局。

5. 股份绑定和分期兑现原则

创业团队应按股份绑定、分期兑现的原则，根据合伙人在创业企业工作的年数或月数逐步兑现股份。任何合伙人必须在企业至少工作1年才可持有股份。股份绑定计划一般按4~5年期执行。例如，4年期股份绑定的含义是4年间每年兑现25%的股份。

思维训练

一个技术类创业公司注册资本500万元，首期认缴100万元，由一位核心创始人承担50%，其他创始人有5人，各承担10%。这5人分别负责工程生产、技术开发、市场营销、公司管理以及财税事项。

创始人中有长年从事工程施工的人员，有长年从事知名企业生产管理的人员，有营销策划事务资深人士，有行政管理人员，有资深财务专家。而且，这些人均有工程技术专业背景。

讨论：对于这样一个创业公司，如何合理地分配股权？

思维训练

创业时如何分配股份

A创立互联网公司时，5个人一共凑了50万元，其中A出了23.75万元，占47.5%的股份；B出了10万元，占20%的股份；C出了6.25万元，占12.5%的股份；D和E各出5万元，各占10%的股份。

A自愿把所占的股份降到一半以下。“要他们的总和比我多一点，不要形成一种垄断、独裁的局面。”而同时，他自己又一定要出主要的资金，占大股。“如果没有一个主心骨，股份大家平分，到时候肯定也会出问题，同样完蛋。”

A 非常聪明，但非常固执，注重用户体验，愿意从普通用户的角度去看产品。B 思维非常活跃，对技术很痴迷。A 技术上也非常好，但是他的长处是能够把很多事情简单化，而 B 追求的是把一件事情做得完美。

D 和前两人是大学计算机系的同学，他是一个非常随和且有自己主见的人。

E 是 A 中学时的同学，后来也就读同一所大学。他十分严谨，同时又是一个非常张扬的人，他能在不同的状态下激发大家的激情。

C 是 5 位创始人中最开放、最具激情和感召力的一位。C 大开大合的性格，比 A 更具攻击性，更像拿主意的人。不过或许正是因为这一点，导致他最早脱离了团队，单独创业。

后来，A 承认，他最开始也考虑过和 B、C 三个人均分股份，但最后还是采取了 5 人创业团队模式，根据分工分配股份。后来有人想加钱占更大的股份，A 没有同意，并表示："根据我对你能力的判断，你不适合拿更多的股份。"在 A 看来，潜力要和应有的股份匹配，不匹配就要出问题。如果拿大股的不干事，干事的股份又少，矛盾就会发生。

另一家互联网公司，在创业阶段有两条原则：一不准借钱出资，二互相不打听出资数额。时至今日，合伙人既不知道别人出了多少钱，也不知道总出资额，所以也算不出自己该分到多少股份才算公平。很多人觉得这不可思议，但创始人认为这不重要，大家本来就不是为了钱走到一起的。

讨论：你觉得两家公司创始人的股权分配思路完全不同的原因是什么？

拓展阅读

如何建立一个有使命感的创业团队

1. 找对人就成功了 90%

创业团队需要寻找有以下特点的人。

自我驱动：有强烈的愿望成为一个出类拔萃的人，而非安安稳稳过小日子。

专注纯粹：愿意对所做的事情投入 100% 的精力，而非得过且过。

勇敢乐观：敢于挑战高难度的任务，而非畏首畏尾。

善于学习：拥有持续进步的能力，而非坐吃山空。

有责任心：看到问题能够指出问题并解决问题，而非视而不见或者抱怨。

2. 远期目标要足够大，短期目标要比现在能力目标高一点

远期目标是用来憧憬的，它的作用是给团队指明方向。短期目标是用来激励的，它的作用是给团队“加满油”。对团队成员最大的激励不是升职加薪，而是成长。如果创业者给了团队一个高于他们现在能力的目标，帮助他们完成了，让他们获得了成长，那种感觉是极其美妙的。

3. 信任驱动而非绩效指标考核驱动

开过车的人可能会有这样的经历：如果一个人坐在副驾驶的位子上总是指挥你，你一定会感到厌烦。

谁都不愿意像提线木偶那样被摆弄。如果你想让团队成员把工作当作自己的事情来做，那就要给他们足够的信任，管理他们的工作目标而非工作过程。

4. 打破权威，分散决策

团队必须要有领导，但是最好不要有权威。没有人是全知全能的，树立权威对团队的伤害是非常大的，它会让团队成员放弃独立思考的能力，放弃自己的责任。

勇敢地把权力分散下去，在专业领域内，下属往往比决策者更加专业，所获信息更全面和及时。

5. 同甘共苦的经历

共同的经历、共同的回忆是一个团队最好的精神黏合剂。

6. 超越工作的伙伴关系

当前面这些都做到的时候，团队成员之间一定不是简单的工作关系，它一定是超越工作的伙伴关系，每个人都会热爱这个团队。

第四单元

创业计划书的撰写

学习目标

★了解撰写创业计划书的重要性。

★掌握创业计划书的思考框架和写作大纲。

★掌握创业计划书的写作技巧。

★了解商业模式画布的运用。

翻转课堂

本单元导读

创业计划书的撰写

- 初识创业计划书
  - 为什么要写创业计划书
  - 创业计划书的核心问题
  - 创业计划书的思考框架
  - 创业计划书的写作大纲
- 打磨商业模式
  - 成熟商业模式的特征
  - 商业模式设计的基本要求
  - 商业模式画布的构建
- 如何写好一份创业计划书
  - 介绍创业团队的常见形式
  - 写出产品或服务的卖点
  - 分析市场容量的方法和步骤
  - 构建企业核心竞争力
  - 设计具体的营销策略

创业计划书有用吗

小明质疑："我家门口开了一家早餐店，店主没有做任何创业计划，也经营得很好，为什么我创业就非要写创业计划书？我又不需要投资。创业需要的是实干，不是浪费时间在写计划书上！"

1. 这个说法，你同意吗？为什么？

____

____

____

____

____

2. 如果你不同意，你觉得创业计划书应怎样写才实用？

____

____

____

____

____

第一课　初识创业计划书

是否撰写创业计划书，历来有不同观点。有人认为，创业计划书没有多大用处，如果说创业计划书有用，也仅仅是为了在融资时给投资人看。还有一部分人认为，创业计划书能帮助创业者梳理创业思路，检验创业的可行性，对创业活动有很好的指导作用。

一、为什么要写创业计划书

实际上，无论创业者有没有在纸上写出创业计划书，在每一个创业者的心里，都有一份创业计划存在。创业计划就如同一个目标，尽管目标可以随时调整，但只要目标存在就有助于创业者评判创业过程中每个阶段任务的完成情况。

比如，开小餐馆的老板，他可能没做创业计划，但是他要清楚地段人流量、顾客消费水平、竞争对手的菜品、进菜地点和价格、员工成本、店面成本、各项证件办理的流程和税费成本等，然后算算自己有无盈利空间，每天需要多少流动资金和备用资金，有无合适的人来帮忙。这些其实就是创业计划书的内容，只不过没有形成文字。

为什么这种老板不用写创业计划书？这是因为他们对这个行业很了解，很快就可以搞清楚相关情况，而且投资风险一般是自己可以承受的，不需要写一份创业计划书帮自己梳理思路。

但是对于一名新手，即便是开早餐店这种简单的创业项目，恐怕都需要写一份创业计划书。只有通过系统地写一份创业计划书，把自己的想法记录下来，才能促使自己梳理思路，明确自己该做的事情。

对于大部分创业者来说，写创业计划书相当于在头脑中完整地做了一次创业沙盘路演，虽然不能完全模拟现实，但是如果在写创业计划书过程中发现了漏洞或潜在的风险，这将是成本最低的试错方式。写创业计划书还有利于创业者理顺项目业务发展的逻辑。

站在合伙人或投资人的角度来看，虽说一名创业者不应该把主要精力放在写创业计划书上，但是如果连一份有说服力的创业计划书都提供不出来，又如何让别人相信你能创业成功呢?

对投资人而言，如果没有创业计划书，就无法进行项目评估，也就无法确定是否投资。

创业计划书必须由创业团队共同完善、共同确认，并且把它作为项目发展的路标，是纲领性文件。

二、创业计划书的核心问题

一般来说，一份好的创业计划书需要回答以下三个问题。

1. 到底有没有市场

如果你是学生，还需要回答为什么你有能力了解这个市场。

2. 自己有没有优势

如果你是学生，还需要回答为什么这个项目适合没有经验的你。

3. 赚钱有没有模式

如果你是学生，还需要回答为什么没有融资支持你还能创业。

这是一份创业计划书的核心内容，不管是大公司的创业计划书，还是小团队的创业计划书，能完整、清晰、有说服力地回答这三个问题，就是好的创业计划书。

三、创业计划书的思考框架

好的创业计划书简洁清晰、重点突出、一目了然。创业计划书是有一定的思考框架的，可以沿着以下问题思考整个创业计划从而指导创业计划书的撰写。

1. 一句话说明你创业的灵感或动机。（切入点）

2. 一句话说明市场的潜力。（市场前景）

3. 一句话说明你满足了什么需求。（产品、服务或解决方案）

4. 一句话说明还有谁提供这些需求。（竞争对手）

5. 一句话说明你比他们强在哪里。（优势）

6. 一句话说明你如何保持优势。（核心竞争力）

7. 一句话说明你如何让客户知道你的产品。（市场推广）

8. 一句话说明你在某个周期内能赚多少。（盈利能力）

9. 一句话说明你计划分多少股份，需要多少投资，准备做什么。（融资需求）

10. 一句话说明你计划让投资人得到怎样的回报。（退出机制）

11. 一句话介绍你和你的团队。（团队优势）

四、创业计划书的写作大纲

沿着上述创业计划书的思考框架，就可以逐步形成完整的创业计划书写作大纲。在撰写时可根据具体项目特点，调整大纲的写作顺序，或者增减相关内容。

第二课　打磨商业模式

要想写好一份创业计划书，就要将创业项目与某一种商业模式建立联系，并据此构建适合创业项目的商业模式画布。

一、成熟商业模式的特征

成熟的商业模式一般具有以下特征。

1. 具有创新性

商业模式的创新贯穿企业经营的整个过程，包括资源开发、产品制造、营销方式等各个方面。也就是说，在企业经营中每个环节的创新都可能造就一个成功的商业模式。

2. 能提供独特的价值

企业通过提供自己的独特价值来保证市场的占有率。有时候独特的价值可能是新的思想，而更多的时候是产品和服务的独特组合。这种组合要么可以向消费者提供附加价值，要么可以使消费者能用更低的价格获得同等甚至更多的利益。例如，近年来有些经济型连锁酒店，入住率常年居高不下，就是其区别于传统酒店的经营模式使其取得了成功。

3. 难以模仿

企业通过建立自己与众不同（如对消费者的贴心关照、强大的实施能力等）的商业模式来提高竞争力。商业模式难以模仿意味着企业的经营是可持续的，但不一定能维持企业较快的成长速度。

4. 具有利润空间

成熟的商业模式可以让企业在激烈的市场竞争中成功进入利润区，并在利润区内停留较长时间。

二、商业模式设计的基本要求

在设计商业模式时，企业应重点考虑以下几个方面。

1. 定位精准

定位精准的核心是寻找到一个差异化市场，并为这个市场提供满足需要的、有价值的、独特的产品或服务。在进行目标定位时，企业需要考虑几个基本问题。

（1）是否进行了差异化的市场分析？

（2）是否为目标市场创造了价值？

（3）是否确定了独特的市场定位？

（4）是否设计出了消费者所需要的产品或服务？

（5）产品本身为消费者创造了怎样的价值？

（6）消费者为什么愿意认可该价值并付费？

如果这个差异化市场是一个可持续增长的、大规模的、发展快速的市场，那么这个市场就属于优秀市场。

2. 扩展快

这里所说的扩展主要是指收入的扩展。收入能否快速扩展，是衡量商业模式是否成功的关键因素。

企业的收入规模取决于消费者数量及平均每位消费者支付的费用两大因素。从商业实践的角度来看，起到关键作用的是消费者数量，如果消费者数量太少，那么从单一消费者身上获得再高的收入也是枉然。

3. 壁垒高

好的商业模式一定要和自身的优势紧密结合起来，最好是有独特的优势，构筑出较高的竞争壁垒。很多企业之所以发展到一定阶段就会陷入瓶颈，就是因为忽略了竞争壁垒的问题，因此很容易被其他企业赶超。

4. 风险低

设计商业模式的最后一个环节，就是要综合评估企业可能面临的各种风险。在评估风险时，可以考虑以下几个方面。

（1）是否存在政策及法律风险？

（2）是否存在市场竞争风险？

（3）是否有潜在的替代品威胁？

（4）是否存在行业监管风险？

以上是考虑商业模式所面临的风险时需要注意的问题。评估风险的最终目标是要识别出所有可能的风险并给出应对方案，使风险保持在可控范围内。

三、商业模式画布的构建

商业模式画布可以帮助创业者梳理创业想法，见表 4–1。

表 4–1　××项目商业模式画布

<table>
<tr><td rowspan="2">重要伙伴
（谁可以帮我？）</td><td>关键业务
（我要做什么？）</td><td rowspan="2">价值主张
（我怎样帮助他人？）</td><td>客户关系
（怎样和对方打交道？）</td><td rowspan="2">客户细分
（我能帮助谁？）</td></tr>
<tr><td>核心资源
（我是谁，我拥有什么？）</td><td>渠道通路
（怎样宣传自己和找到客户？）</td></tr>
<tr><td colspan="2">成本结构
（我要付出什么？）</td><td colspan="3">收入来源
（我能得到什么？）</td></tr>
</table>

1. 重要伙伴

识别出要实现价值主张，需要哪些外部的合作伙伴，如投资方、供应商、利益相关部门、上下游产品团队等。

2. 关键业务

识别该商业模式下所需要的关键业务，如生产、宣传、促销、配送等。

3. 核心资源

识别出创业者应拥有哪些重要资源，如人力、资金、设备、知识产权、数据、原材料等。

4. 价值主张

陈述为用户解决怎样的问题，创造怎样的价值等。

5. 客户关系

陈述期望与用户建立怎样的关系，如共创等，以及这种关系会对创业项目产生怎样的影响。

6. 渠道通路

识别有哪些渠道或方式可以将产品或服务交付到用户手中，什么样的渠道最快速、最高效。

7. 客户细分

识别该产品所服务的不同客户群，不同的群体会有不同的诉求。为了方便进行用户细分，需要对用户进行画像。

用户画像是根据用户社会属性、生活习惯和消费行为等信息抽象出的一个标签化的用户模型。构建用户画像的核心工作即给用户“贴标签”，而标签是通过对用户信息分析得来的高度精练的特征标识。作为实际用户的虚拟代表，用户画像所形成的用户角色并不是脱离产品和市场所构建出来的，形成的用户角色需要有代表性，能代表产品的主要受众和目标群体。

8. 成本结构

分析产品在采购、设计、开发、推广、运营中的成本结构，包括人力、设备、差旅和原材料等方面的成本及比例。

9. 收入来源

分析产品的主要收入来源，主要是指销售收入。

填一填

请尝试为你喜欢的一家饮品店画出其商业模式画布（见表 4–2）。

表 4–2 ____________的商业模式画布

<table>
<tr><td rowspan="2">重要伙伴</td><td>关键业务</td><td rowspan="2" colspan="2">价值主张</td><td>客户关系</td><td rowspan="2">客户细分</td></tr>
<tr><td>核心资源</td><td>渠道通路</td></tr>
<tr><td colspan="3">成本结构</td><td colspan="3">收入来源</td></tr>
</table>

思维训练

一次失败的创业经验

小肖从学校毕业后没有从事与所学专业相关的工作，而是决定自己创业。

刚开始他想了很多项目，如网上开店、开餐饮店、开培训机构等。最后，他将目标锁定在了连锁加盟上。他听说某水果连锁店在附近的生意还不错，就打电话询问加盟具体情况，然后马上筹集资金开始了自己的加盟创业之路。

店铺开业一段时间后，他发现每天的生意并不好，每天来店里的顾客也比较少。小肖以为这是由于店铺刚开业，宣传的力度还不够。但经过大力宣传以后，生意依然不见起色，他又安慰自己说这是创业初期的正常情况，但没有进一步深思和做出任何改变。

几个月后，店里的库存积压严重，销量任务也没有完成，看着所剩无几的创业资金，他才意识到创业失败了。

讨论：请分析小肖创业失败的原因。

第三课　如何写好一份创业计划书

如何写好一份创业计划书？我们除了需要了解撰写创业计划书时会用到的商业思维之外，我们还需要了解一些常用的分析问题的方法。下面将根据创业计划书中的重点内容介绍一些写作技巧及商业思维。

一、介绍创业团队的常见形式

在创业计划书里，首先要介绍自己的公司和团队。

介绍公司——要用一句话让别人明白公司是做什么的，以及富有吸引力的愿景是什么。

介绍团队——要让别人了解团队的经历与创业时所涉及的行业有关联，团队内部协同高效。

要写好公司介绍和团队介绍，可以多学习其他公司的介绍，分析其优点和不足，进而写出自己的特点。

1. 模板法

以下是介绍公司的一个模板。

（公司名称）提供的（产品或服务），利用（特色功能的突出）帮助（目标用户）解决（问题描述）。

可以用这个模板写出创业公司 ×× 网的介绍：×× 网提供的电子商务服务旨在帮助女性消费者更快地进行网上购物。

下面是高科技创业公司可以参考的模板：公司介绍和团队介绍。

________成立于____年____月，是位于_______的一家_______（初创、高科技、创意型、专业服务型）企业，主营业务为________，主要客户来自_______（地区 / 国家）。公司注册资金_____万元，营业额已达 / 可达____万元（未来一年预期）。

现有员工______人，技工院校毕业生人数占_____%，本科毕业生占____%，平均年龄____岁，骨干员工以“____后”为主。

公司开发、推广及服务团队占企业员工比例的_____%，是典型的哑铃型企业结构（市场研发重、行政管理轻）。员工的专业背景主要是_____________等，与企业业务契合度高。

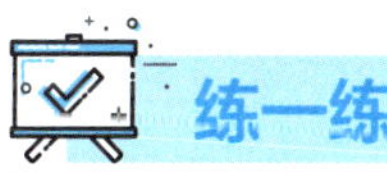

练一练

假设你是一家超市连锁店的负责人，请尝试用上面的模板写出一份介绍。

超市连锁店的负责人只需要对照模板填空，把自己的企业数据和业务描述填写到指定的空格，就可以得到一份可用的介绍，不适合自己公司的内容可以删减调整。

2. 标杆法

如果不清楚本行业的介绍怎样写，可以采用标杆法。上网搜索本行业一家或多家领先企业的公司介绍，分析其框架，模仿其结构，加以综合。

以下是一段成熟企业的介绍。

××家居饰品有限公司成立于1998年，注册资金100万元，是广东中山一家专业从事玻璃制品设计加工的企业。产品设计理念源于意大利经典原创家居产品，自20世纪90年代以来，产品受到世界各地人们的喜爱，远销英国、西班牙、法国、德国、美国、巴西、韩国等30多个国家。我们不断改良产品，海外市场供不应求，赢得了大批国外家居饰品进口商的青睐。

成熟企业的介绍往往经过了市场检验，有内在的合理性，我们可以将其改造成模板。

××有限公司成立于_____年，注册资金_____万元，是_____（地址）一家专业从事_________设计加工的企业。产品设计理念源于_____经典原创家居产品，产品受到_____（目标人群）的喜爱，如_____、_____、_____（具体化的目标人群）等。我们不断优化产品品质，初步打开了在_________的市场，赢得了_________（合作伙伴）的信任。

练一练

将以下一段话改造成介绍模板，并完成一家虚拟的校园手机服务公司的介绍。

××科技发展有限公司，成立于2020年，我公司为各行各业提供专业的信息技术服务。经过3年多的努力与发展，已具有一定的规模及实力，现拥有一支技术精湛的信息技术服务团队，以卓越的服务品质、专业的安全技术服务实力，为不同群体的用户提供更高更优质的信息技术服务。

我们的服务项目有计算机维修、网络工程综合布线、监控安装及维修、专业数据恢复、服务器局域网组建、中小型企业网站建设等。

3. 框架法

如果搜索到的介绍都不够理想，还可以借助一些简单的商业思维框架写出自己的介绍，如可以用简化版的5W2H框架写出介绍。

5W分别是，what（做什么）——你能做什么？when（何时）——你准备什么时候做？where（何地）——你准备在哪里做？why（为什么）——为什么要做？who（是谁）——哪些人来做？2H分别是，how（怎么做）——具体准备怎么做？how much（多少钱）——预计要花费多少钱？

练一练

假设你们是一个校园摄影团队，能否用5W2H的框架写一段介绍？

学生撰写创业计划书时，不建议模仿大公司介绍的写法，写全公司简介、公司使命、公司文化、公司口号、公司标志等全部内容。这些内容需要时间积累，一个创业公司要务实，不要过度务虚。

介绍公司团队成员也不要学大公司把组织结构复杂化，董事长、总经理、营销总监、研发总监一个不缺。应注意避免列出一大串人员职务。

比较好的团队描述如下。

• 张 ××：董事长，占股 51%，负责公司整体运营。

专业背景：网络与新媒体专业，在校期间负责学生会的公众号运营，参与策划组织多个校内的线上线下活动，反响不错，能迅速抓住主流用户群体的需求。

• 李 ××：总经理，占股 25%，负责系统和技术总策划。

专业背景：计算机专业，专业成绩优异，多次代表学校参加省级、市级专业比赛。

• 王 ××：副总经理，占股 15%，负责市场推广。

专业背景：市场营销专业，曾在学校举办的市场推广活动中，凭一己之力将班级产品销量从排名倒数第一提升到亚军，头脑灵活，能在变化中快速调整战略。

• 附件：公司的外部顾问清单

×× 校校长、×× 部长、×× 会长……

练一练

以上介绍公司和团队的方法，能否用到你做的介绍中？如可以，请试着用其中一种方法介绍。

二、写出产品或服务的卖点

如果你的产品和服务不能挖掘出独特的卖点，不能用简短的话语吸引别人的注意，给人留下深刻的印象，那么你的项目就很容易被忽略。

思维训练

凉茶的流行与找对卖点关系大不大?

凉茶是一种在广东等地比较流行的饮品。当时的 ×× 公司为了将产品从广东市场拓展到全国市场，巧妙地对“谁是我的客户”做了重新定位。

当地人喝凉茶是为了下火，那么容易上火的原因是什么呢?

天气热，还有吃火锅、吃烧烤!

天气热只是南方地区的特点，而吃火锅和吃烧烤是全国人民都喜欢的事情，于是“吃火锅、烧烤必配 ××”的定位应运而生。×× 因此将自己的客户从“南方天气热”的地区拓展到全国市场，甚至海外市场。

从宣传广告语上来说，“怕上火喝 ××”，妙就妙在一个“怕”字！因为吃火锅上火的人不是全部，但是几乎每一个人都怕上火。

像该公司这样，通过对客户需求的准确分析和定位，调整客户画像，就有可能使产品的销量有爆发性的增长。

讨论：你认为该公司所找的卖点与其成功有多大关系?

要写好产品和服务的卖点，首先我们得尝试先用一句话把卖点讲出来。

很多成功的创业公司已经创造了大量给人留下深刻印象的“金句”结构。下面是一些成功企业产品卖点的介绍样例。

1. 我们只做好一件事，就是______。

范例：

×× 耳机：未来十年我们只专注做一件事情，就是做好耳机。

2. ________，给您________。

范例：

××**空调：**××中央空调，给您大自然的环境。

3. 我们不________，我们只是________。

范例：

××**矿泉水：**我们不生产水，我们只是大自然的搬运工。

4. 哪有________，只是________。

范例：

××**健身应用软件：**哪有什么天生如此，只是我们天天坚持。

5. 用________，你可以________。

范例：

××**钓具：**用我们的钓线，你可以在鱼儿发现你之前先找到它。

如果我们注意观察和搜集，就会发现很多具有吸引力的广告语或宣传语。不断归纳、总结这些框架，就可以极大地提高创业者诠释产品或服务卖点的能力，而且这些积累在运营产品的过程中，也会成为营销策划的创意源。

练一练

假如你开发了一门在线课程，教学生学习职场办公技能——演示文稿的制作，请尝试用上面的方法写一句卖点介绍的宣传语。

在本课中，曾出现过一个公司介绍的案例：××网提供的电子商务服务旨在帮助女性消费者更快地进行网上购物。

如果作为公司介绍，这句话是合格的，但是作为产品卖点，这句话显然缺乏吸引力，如果稍微做一下改造：电子商务网站××网帮新手妈妈找到全网最低价的奶粉等婴幼儿用品。那么，这句产品介绍是不是生动很多？

这里面使用的技巧就是把抽象的产品或服务放到生活化的场景中去表述，激发出用户对需求点的联想，进而创造出消费欲望。

能够激发出需求点联想的产品或服务介绍，也更容易激发投资人了解的欲望。

课堂讨论

你可以仅凭宣传语就填写出所涉及的产品或品牌吗？

________________：总有你要的低价！

________________：一人提问，全城帮忙。

________________：充电 5 分钟，通话 2 小时。

________________：1 晚 1 度电。

________________：1 000 次撞击，精工表依然精确无比。

________________：携程在手，说走就走。

你认为以上哪些产品介绍有场景感，哪些没有。

填一填

假如你设计了一款透气轻便跑鞋，请你设计一个场景，为这款跑鞋设计一句话的卖点：________________________________。

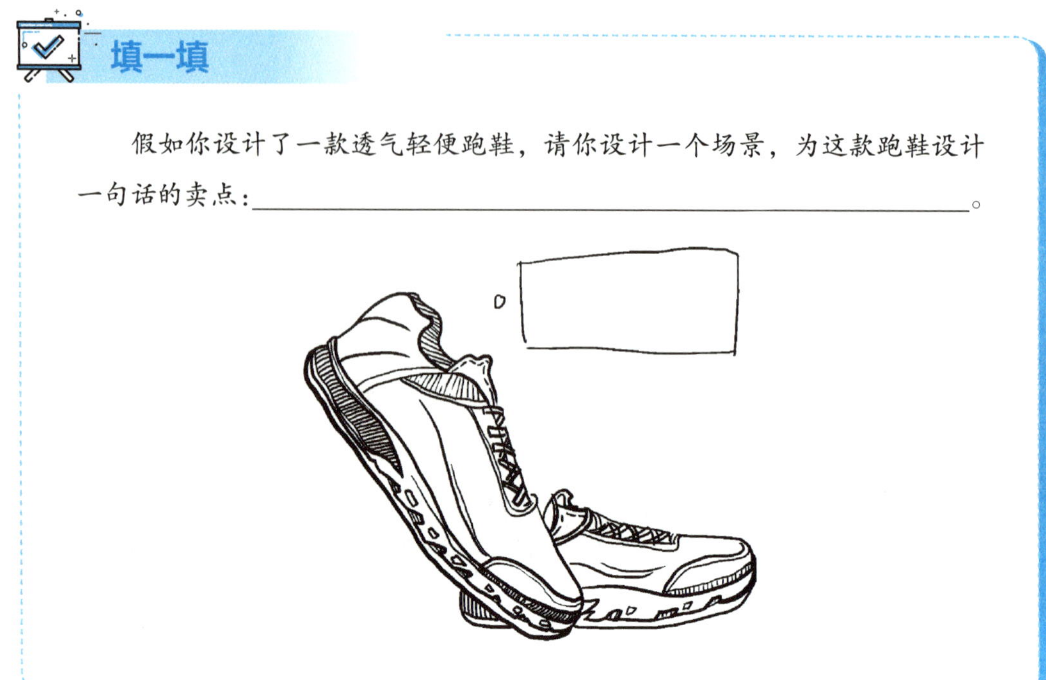

三、分析市场容量的方法和步骤

如果你准备在家门口开一家山东煎饼店，不管你写不写创业计划书，都很难获得投资人的青睐。但如果你把山东煎饼店进行标准化、品牌化运营，在全国多个城市开了连锁店，那么估计就会有投资人对你的这个创业项目感兴趣。

同样是卖煎饼，为什么后者可能让人感兴趣？这是因为后者拥有更大的市场容量。对投资人而言，拥有更大市场容量的项目可能更有投资价值。

请考虑以下这段市场容量描述是否客观：中国有 14 亿人，如果每个人都花 10 元钱买我的产品，每个产品的成本是 9 元钱，我赚 1 元钱，那么我可以赚到 14 亿元。

以上描述是个空想，这个空想不成立有以下原因：第一，让 14 亿人都知道你的产品，需要花费的宣传费用可能不止 14 亿元。第二，让 14 亿人每人支付你 10 元钱，收费成本可能不止 14 亿元。第三，说服这14亿人每人花10元钱买你的产品，说服成本可能不止14亿元。

思维训练

这是一个有10亿元规模的潜在市场吗?

中国有14亿人，家庭年收入在20万元以上的人即便按千分之一计算，也是140万人，这也是一个很庞大的数字。

我们的产品是家庭空气净化循环系统，非常符合这一类人群对更好生活质量和空气质量的要求。只需要每年有5%的客户对我们的产品有需求，以产品单价2万元计算，我们就创造了一个年产值超过10亿元的潜在市场，而且随着用户的认可和产品生产规模的扩大，我们还能进一步降低营销和生产成本，覆盖更多用户，做大市场容量。

讨论：这种市场容量分析可靠吗?

这种市场容量分析方法把有需求错误地理解为有购买力。做市场容量分析要求创业者能用合理的数据证明市场存在，而且还得证明目前的市场规模足够容纳一家创业公司的发展，如果这个市场规模还在高速增长就更好。

1. 市场容量预测的方法

要准确做出行业市场容量预测，可以分四步走。

（1）了解具体销售规模

通过行业调研了解同类产品在目标市场中的具体销售规模。具体销售规模最好细化到同类产品不同品牌的价格和销量数据，查明同类产品在当地的年销售量、消费者数量和消费频度，以及竞争性替代品等。

如果对手的产品是通过网络销售，可以用一段时间观察对方的销售价格和日销量。

（2）了解消费变化因素

了解当地市场有关产品的消费变化因素，如当地的工资收入水平变化、消费习惯的变化等。有了这两类数据，你才可以根据当地的有关人口统计、社会经济统计数据，寻找过去和现在发生的变化，预测将来可能发生的销售数据变化，从而得出产品可能的市场容量。

（3）评估产品在未来市场中的生命周期阶段

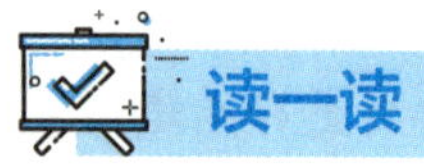

产品的生命周期

导入期：产品刚进入市场，销售增长缓慢。

增长期：产品销路渐开，如果产品适销对路，在今后一定时期内销售将会有迅速或平稳的增长。

成熟期：产品销售增长势头不明显，并有迹象表明产品销售即将下降。

停滞期：产品销量已达峰点，并逐渐缓慢下降。

衰退期：市场对产品的需求减少，产品销售量也持续下降。

不同类型的产品或同类产品中不同品牌的产品销量的变化速度是不同的。因此，查明产品在市场周期中所处的阶段是重要的。此外，还必须注意的是产品销售利润的下降通常要比销售量下降得早，也下降得快些。

（4）建立市场细分销售漏斗模型

在获得以上 3 步调研数据的基础上，就可以建立销售漏斗模型了。销售漏斗模型的建立往往与市场细分相结合，根据当地市场上什么类型的消费者可能会购买你的产品或服务，从而预估当地市场的发展潜力，估算产品销售的目标市场规模，进而有针对性地改进产品和推广策略，打开产品的销路。

2. 市场分类

需要说明的是，不同的市场类别会影响市场容量的分析。一般来说，我们把创业要进入的市场分为 3 种。

（1）零和市场

市场本来就存在，需要用更好的产品或服务与对手竞争。已经存在的市场不需要过度论证市场容量，关键在于论证为什么你能击败对手赢得客户。

（2）抑制市场

市场客观存在，但被某个因素抑制了。如行业进入管制，当破解了这个抑制因素时就会打开市场。那么，在创业计划书里应重点论证你将如何合理合法地破解抑制因素。

（3）潜在市场

没有人意识到这个市场的存在，创业项目引导的需求开创了新的市场。在这种市场上预测未来是最难的，因为历史数据样本并无足够的说服力，故说服投资人相信你的判断也非常困难。

大部分创业项目进入的是零和市场，却总有部分创业者想论证自己进入的是潜在市场，因为潜在市场缺少竞争，一旦进入增长期，很容易形成行业垄断，成为寡头企业，但实际上能寻找到潜在市场的企业是非常少见的。

估算出目标市场容量后，创业者还需要解决市场定位的问题，也就是找到细分市场，是大众消费市场还是企业消费市场。

大众消费市场的产品分为一次性消费品、重复性消费品、耐用性消费品。一次性消费品要解决如何快速占领渠道的问题，重复性消费品要解决服务体验和品牌打造的问题，耐用性消费品要解决产品品质和品牌打造的问题。

企业消费市场的产品分为标准化产品或服务、需要经过公开招标才能选购的产品或服务。标准化产品或服务进入市场时需要了解其所在行业的产品有无市场进入要求，比如建筑涂料、电子产品、安全产品，是否需要获得相关行业检测认可才能进入销售环节。需要经过公开招标才能选购的产品或服务市场对初创企业来说，一般较难进入。

思维训练

据统计，××××年至××××年我国至少有260万住户搬入新家，小家电产品的加速普及与换代升级必将孵化出惊人的市场推动力，小家电的市场发展前景非常广阔，市场需求量年增幅有可能突破30%。

浴室取暖用的小家电主要有浴霸和暖风机两种。××××年，全国生产浴霸的企业约350家，某些年连续几年的销量分别为400万台、550万台、700万台，销售额超过10亿元。在城市居民家庭中，浴霸拥有率不到15%，而消费者对浴霸的认同度达82%，因此市场空间巨大。

在浴室取暖设备中，某品牌浴霸年销售额为2.6亿元，市场份额第一。生产浴霸和暖风机的厂家大都集中在浙江、广东一带，但其中小厂居多，多为仿制或代工生产，自主研发能力不强。

我国长江流域地区，大部分住宅没有暖气，冬季洗澡取暖一直是个大问题。虽然有浴霸和暖风机，但人们更期待一种简便、有效的取暖器具。根据调查，人们对本公司产品的印象还是不错的，市场潜力巨大。

比照浴霸和暖风机市场，本产品销售额至少在10亿元以上。

我们完全可以借助专利技术优势，迅速占领浴室取暖设备市场，建立自己的品牌和销售网络。

讨论：阅读上面关于市场容量分析的文字，你认为其优点和缺点各是什么。

四、构建企业核心竞争力

企业核心竞争力不一定是价格，可以是技术，也可以是服务，还可以是关键资质，更可以是一套综合竞争能力体系。

对手越不容易复制的项目，商业生命力越强，这种不能复制的能力是核心竞争力。企业核心竞争力构建包含的维度见表 4–3。

表 4–3　企业核心竞争力构建包含的维度

维度	描述核心竞争力的内容
产品或服务优势	更稳定，更高效，更便宜，更专业
产品系统	插件多，捆绑其他产品
服务类型	个性化服务，本地化服务，实时性服务
品牌	权威认证，大品牌合作方
客户黏性	客户美誉度高，回购率高
生产流程	制造成本低，交付速度快
渠道推广	广告投入高，合作伙伴多
组织结构	信息化程度高，员工自主性高，管理水平高
网络规模	供应商整合到位，用户规模大，成长速度快
盈利模式	免费服务，增值收费；分期付费模式；按效果付费模式

由表 4–3 可知，产品有特色并不足以构成企业的核心竞争力，要考虑从多个维度形成对手无法模仿的综合竞争能力。

首先，核心竞争力要有不可模仿性。主要表现在企业品牌、企业信用、企业拥有的各类自主知识产权，以及产品优势、产品链优势、客户美誉度等方面。

其次，核心竞争力要有不可交易性。一般来说，核心资源不能从市场上轻易获得，所有在市场上能购买的资源一般不能形成企业的核心竞争力。

最后，核心竞争力还表现为企业的资源和能力具有互补性。有了这种互补性，资源和能力分开就会失去其价值，因此员工带走一部分资源也不影响整体的核心竞争力。

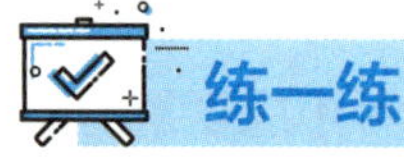

请用表4–3中的企业核心竞争力的维度来分析你常喝的某种饮品的核心竞争力。

五、设计具体的营销策略

1. 建立销售渠道

常见的销售渠道的种类见表4–4。

表4–4　常见的销售渠道的种类

销售渠道的种类	代表行业
直销	广告
分销	快速消费品、农产品
代理	工业品
口碑推广	化妆品、教育
电话销售	保险、电信、金融
邮件订阅	报纸
电视购物	礼品、保健品
网络销售（自建平台或入驻其他平台）	电器、图书、服饰

英语培训机构通过哪些渠道获得生源?

据你观察，英语培训机构一般通过哪些渠道获得生源？

成功的企业往往会建立多种销售渠道。例如，现在的服装行业，很多品牌都开有线下直营店，也开有线上网店，这是为了防止销售渠道单一，不能满足人们多元化的购物需求，给企业带来经营风险。

如果选择网络销售渠道，在创业团队内有一位专业人士负责销售渠道建设是很有必要的。如果选择网络销售渠道，要考虑以下问题。

我的产品适合在网络上销售吗？

是自己做，还是利用经销商来做？

我的产品适合在哪些电商平台上做？

如果要做电商，是和平台合作，还是开自营电商网站，或兼而有之？

线上渠道和线下渠道的产品价格是否可以不同？

产品或服务的销售对象不同，销售渠道也不同。以华为为例，作为资深的通信设备制造商，华为卖设备给电信运营商采用的是直销模式，卖给企业采用的是分销模式，这是两种完全不同的方法。

思维训练

互联网卖农产品合适吗？

小王老家在山区，产猕猴桃，但因为信息闭塞，销量一直不大。过去走线下渠道销售，猕猴桃通过中间商进入超市销售，村民们只能赚很少的利润。因此，小王想用互联网思维帮助大家卖猕猴桃，在网络上的大平台开店，直接面向消费者销售，创造让利空间。

讨论：小王的这个想法会成功吗？说说你的理由。

课堂讨论

同学们使用的手机是在哪里买的？是在线上的网络商城，还是在线下的门店？为什么选择在这些地方购买？它们之间的区别又是什么？

2. 有效进行产品宣传

商品房出租时有这种现象，临街的门面比较好租，而且租金较贵；不临街的门面即使租金很低，可能也无人问津。为什么会这样呢？这是因为临街的门面人流量大，会带来更多的商业机会。

我们选择渠道做产品宣传时，一个很重要的工作就是判断其渠道流量的大小。大家都愿意去流量大的平台做业务，但是流量越大，竞争对手可能也越多，获取一个有效用户的成本也会上升。

对于创业企业，在获得大笔融资之前，以广告形式做大量品牌宣传是不现实的。一个可行的选择是精心设计产品包装。当用户看到你的产品包装出乎意料又十分喜欢时，他很可能产生将其分享到社交媒体的冲动，这就完成了一次产品口碑推广。

在同样的流量下，做好促销宣传会将流量转化为购买行为，提高流量转化率。下面以某产品的线上促销活动及前后相关商业动作为例介绍，产品宣传的组成部分。

创业者选择在网络平台开店。为了在平台上形成销售，创业者包装产品，做好展示；为了吸引流量，创业者购买了平台直通车广告，并在微博、微信上发广告，在校园内发传单；为了提高用户的下单率，结合节日推出降价促销活动，凡购买金额超过 100 元的用户送小礼品，这种降价销售和满赠活动就是促销；产品发货后有的买主因为各种原因不满意，给产品打了差评，创业者私下和打差评的客户沟通，争取谅解，取消差评；节日促销结束，产品销售业绩非常好，创业者请媒体记者进行报道，形成大面积消息传播，带动了更多人关注店铺。

思维训练

元宵节快到了，小张在网上看到世界城广场推出大型主题灯会活动，活动从2月1日持续到2月20日，元宵节当天门票价格上涨30%。如果带着同学来参加活动，合影发朋友圈就可以获得一个元宵节特别款发卡。

小张还在校园收到同学发的世界城广场宣传单，同学告诉他如果凑够10人同去，可以通过代理享受团购优惠价，如果凑够20人还可以让世界城广场派车接过去玩。

讨论：在这个活动中，世界城广场设计了哪些促销手段？

在编写创业计划书时要注意以下几点：第一，分清什么是销售渠道，什么是产品宣传活动；第二，不同的销售渠道需要匹配不同的宣传活动，宣传推广的不同阶段需要使用不同的销售渠道；第三，在不同的阶段需要采取不同的宣传手段。

思维训练

这个宣传方案存在什么问题？

宣传目的：

让潜在客户直观地了解“学生二手交易”网络平台的各项功能。

宣传方案：

第一，网络宣传。网络宣传是一种既经济又自由的宣传方式。除了自己的网站以外，也要在知名的门户网站发布广告，介绍产品及其特色。利用优质客户的微博、微信资源，建立自媒体口碑渠道。

第二，报纸、杂志及单张宣传。加大在目标市场的宣传推广力度，发挥纸媒的传播优势及影响力，定期进行纸媒广告宣传，尤其在产品面世阶段，利用纸媒达到迅速扩大知名度的目的。

第三，借助政府宣传。本地政府在财政上有对学生创业给予协助宣传的扶持政策。借助政府的宣传提高项目的公信度和美誉度，使客户可以放心使用。

讨论：假如你是投资人，阅读了这份创业计划书中的宣传方案后，你有什么感受？

编写创业计划书时，可以借助前面介绍的产品生命周期来设计宣传方案，见表 4–5。

表 4–5　宣传方案

阶段	销售渠道	宣传方案
产品导入期		
产品增长期		
产品成熟期		
产品停滞期		
产品衰退期		

在不同的阶段选择哪些销售渠道，在不同的销售渠道配置哪些宣传方案，宣传方案计划投入多少资金，预期可以获得多少流量，转化率大概是多少，等等，能写清楚这些内容的宣传方案，才是吸引投资人的方案。而且这里面的数据也是投资人计算利润回报的依据。

有的创业者希望借助事件营销引起媒体关注，带动产品销售。事实上，大部分引起媒体关注的事件营销，受众往往关注的是话题，而不是产品本身，故实际转化率较低。因此，事件营销可以作为宣传手段之一，但是稳健的商业模式不能建立在事件营销基础上。

3. 设计产品付费方式

任何一个创业项目都要认真思考何时才能让项目进入盈利状态，这也是创业的初衷，更是投资人关注的话题。

产品付费方式的选择在很大程度上影响了项目的盈利状态。付费方式涉及 3 个问题：谁付费？何时付费？如何付费？

哪种付费方式好？

小王想要开一家公司，做儿童摄影，他想出了 4 种支付方式，你认为哪种最好？说出你的理由。

方式 1：先拍照，满意后付款。

方式 2：先付全款，再拍照。

方式 3：预付一定比例的订金，完成拍照后支付剩余的款项。

方式 4：按年付费，分档缴费，每档承诺拍摄的照片数量。

以上 4 种方式是商业中常见的付费方式。有的付费方式有利于成交，但是回款难度比较大；有的付费方式适合与个人合作；有的付费方式适合与企业合作。选择不同的付费方式，企业的现金流收支情况会不同，盈利能力也会不同。

采用方式 1 收费，容易成交，但是遇到不满意的客户，就会浪费大量的业务时间，而且这种付款方式会吸引爱贪便宜的客户，带来运营成本的增加。

采用方式 2 收费，顾客成交的疑虑大，如果他对产品或者品牌没有信心，会导致业务量难以增长。

采用方式 3 收费，是一种常见的做法，用订金锁定有需求的客户。

采用方式 4 收费，可以一次性获得全年的收入，并给客户较大的折扣，以便吸引更多的客户，但会降低单价价格。这种方式常见于美容美发店、洗车店、健身房等的经营中。这些企业一般会推荐客户办卡，预存一笔费用，在一段时间内有效或长期有效，来消费就扣减余额。这种方式的好处是规避了回款的风险。

和大型企业合作的供应商，面临的主要风险是回款周期问题。由于大型企业组织构架层级较多、制度较复杂，付款周期往往较长。创业企业可以采用签订预付款合同的方式解决这个问题。这个方式类似于方式 3。

小王到底损失了多少?

小王和某大型企业签订了一个合同，金额 1 000 万元，约定首付 50%。为了保证按期开工，小王垫付了首付款。在约定付款日期过去两个月后，该企业才在小王的多次催促下支付了首付款。

请问小王损失了多少?

越是大型项目，一次性支付金额就越高，就越要考虑现金占用的利息成本，以及由此带来的机会损失成本。

500 万元的款项，按照月利息 0.1% 计算，每个月的利息损失就有 5 000 元。小王催促首付款的时间精力本来还能用于拓展新业务，这就是机会成本的损失。

所以，与企业特别是大企业合作的时候，在报价之前务必要算清楚类似的情况，否则会做亏本买卖。

在互联网时代，存在着“免费”的付费方式，主要包括以下几种模式。

（1）杀毒软件模式

某杀毒软件向终端用户提供免费的杀毒软件，该软件因此迅速占领了数千万的用户桌面。该软件将自己变身为一个软件推荐渠道，向用户推荐其他的应用软件或游戏，而其他的软件和游戏公司则需要向它付费以获得它的推荐。

（2）视频网站模式

只要你不是某视频网站的付费用户，在观看视频的时候就得观看时长不等的广告。做广告的公司要给某视频网站支付广告费用，而如果用户不想看广告，也得给该视频网站付费。该视频网站用广告客户的钱补贴愿意观看广告的免费用户的流量成本。

（3）社交软件模式

使用某社交软件是免费的，于是吸引了大量用户。之后，该社交软件推出了会员、网络游戏等细分项目，为愿意付费的优质用户提供更多的服务内容，使其享受更好的服务体验。

只要基础用户数足够大（如1亿用户），10%的用户付费也是千万级用户规模，每个用户每月支付10元钱，就是1亿元的收入。

无论采用哪种免费模式，都有前提条件：能获得市场上的垄断地位，这样才能通过免费模式获得盈利。

设计盈利模式，需要好好思考采用哪一种付费方式，为什么这种付费方式的回报能支撑起项目盈利期望，这就是我们在创业计划书里面要回答的问题。

拓展阅读

怎样写创业计划书才可能获得投资人的青睐

据数据统计，投资人每天都要接触大量的创业计划书，他们留给每份创业计划书的时间可能只有5分钟，如果在这么短的时间内不能打动他们，那么，你的创业计划书就会到他们的废纸篓中。

创业计划书究竟该如何写呢？首先你要明白创业计划书的本质，创业过程是由商机驱动的，商机的本质是能产生利润，并为创业团队和投资商带来可观回报的生意。因此，创业计划书是商业的包装与商机的挖掘计划。一般来说，创业计划书分为以下 3 种。

一是最常见的股权投资创业计划书，其目标对象是股权投资者或者贷款人，目的是引入外部资金，或者是对重要员工的争取和向相关利益方宣传企业价值。这样的创业计划书长度一般在 25~40 页为宜，总体原则是以简约为美。

二是操作计划书，其目标对象是创业者和整个团队，目的是引导项目的筹备、启动和初期增长。这种操作计划书越详细越好，一般来说会超过 80 页。

三是脱水型创业计划书，目的是外部宣讲，介绍创业企业的初步状况，并对人员、机会及财务要求等方面进行阐述。这种计划书一般不超过 10 页，以简明扼要为宜。

通常如果需要寻求投资的话，就写第一种。一旦投资人对你产生了兴趣，需要进一步了解思路和操作方式，就会要求看你的第二种操作计划书，因此应提前准备好第二种操作计划书以便能随时拿出来宣讲。

创业计划书其实就是在讲一个故事，所以在写之前，你要明确你要讲什么样的故事，讲给谁听，用什么方式来讲，故事能否讲清楚，能否吸引别人来认真听。想明白这些才好往下真正进入写作阶段。完备的创业计划书一般分为以下 10 部分。

（1）摘要。简明扼要阐述本次商机的内容，描述一个诱人的创业机会。摘要部分可能在投资人心中占据 50% 的权重，会影响投资人继续往下阅读的兴趣。因此，在描述一个大商机的同时，要写得条理清晰、逻辑通顺。

（2）行业分析。说明“创业机会”究竟是否构成机会，市场有多大，为什么这是一个必须抓住的重要市场。这可能要涉及一些客观数据，如市场规模、增长速度、竞争企业、市场趋势等，因为客观数据让“故事”更有说服力，数据应越翔实越好。

（3）客户与竞争。借助人口统计、心理统计、行为特征来明确哪些人是客户。了解客户的消费动机，设计出适合他们的产品和服务。这点也是比较重要的，很多时候创业者往往会陷入自我设定的场景中，一厢情愿地认为我这个产品一定是广受欢迎的，其实未必，一定要从消费者的角度去思考，最好能做一些初步的市场调研，看看别人是怎么做的，以及自己的产品做出原型之后，消费者是否有买单的意向。

（4）公司与产品。要说明产品如何符合客户价值主张，产品有什么价值，能给客户带来什么附加值，产品为什么比客户目前使用的服务更好、价格更低等。

（5）营销计划。营销计划主要包含目标市场战略、产品和服务战略、价格战略、加盟战略、销售战略、广告和推广、市场预测等环节。

（6）运营发展。阐述公司在运营过程中存在的竞争优势，以及公司运营如何给客户带来更多的价值。详述产品的生命周期，估算生产周期对运营资本的影响。例如，公司什么时候要投入资金？产品的生产期有多长？客户何时会购买商品？客户何时会付款？

（7）团队。尽可能有效展示团队的力量，介绍团队是如何集结到一起的。最好一开始就明确创始团队成员及其头衔，以及团队成员的主要职责、工作成绩、成功案例等。

（8）重大风险提示。承认潜在风险的存在，鉴别这些风险并提供应急预案。

（9）投资邀约。明白项目需要多少资金，知道自己如何使用这些资金才能让公司实现各阶段的发展目标。一般而言，项目寻求的资金数量应足够支撑公司 12~18 个月的运营。

（10）财务计划。用数据证明商机的成立，并论证商机具有光明的前景和丰厚的回报。

第五单元

创业项目的路演

学习目标

★掌握项目路演过程中的关键要素。
★了解创业路演策略及常见问题回答技巧。
★掌握创业路演演示文稿的制作。

翻转课堂

电梯测验

电梯测验指在乘电梯的30秒内检测员工是否能够清晰准确地向客户汇报一个方案。这是麦肯锡公司检验陈述是否简洁的方法之一。

有专家对电梯测验的价值做出了总结："在进行商业汇报时，如果不能通过电梯测验，就不应与任何人讨论这个方案。"

如果你无法简明扼要、准确无误地阐述自己的想法，要么说明你没有充分理解资料，需要进一步熟悉，要么就是方案的结构不够清晰、准确，需要再考虑。

组织一下语言，看看能否在30秒内向你的同学介绍一下你是一个怎样的人?

第一课　如何把创业故事讲生动

为了创业项目的融资和推广，我们经常需要在很多场合做项目展示，路演是最主要的展示方式之一。

正式路演一般是通过演示文稿宣讲和互动问答的方式，让受众了解你的项目，从而达成投资、资源对接或人才输送等方面的合作意向。

一、一分钟路演

很多人抱怨路演时间太短（一般是 5 分钟的宣讲和 5 分钟的互动问答），项目的情况根本来不及讲清楚。但如果你能把项目情况都梳理好，用电梯测验的标准要求自己，逐句准备发言内容，用 10 分钟进行项目路演绰绰有余。

现在还有“一分钟路演”的形式，如果只有一分钟，你该怎么说？可以试试模板法。

在__________领域，用户普遍的痛点是__________。为了解决这个痛点，市场上已经有的产品是__________。我们的项目和市场上已有产品的区别是 1.__________；2.__________；3.__________。我们之所以能凭借这个项目赢得市场，是因为我们具备别人不具备的三个优势 1.__________；2.__________；3.__________。我们已经在______月内做到了______________的规模，我们相信这是一个能快速发展到年收入____________规模的市场，我们有希望成为这个领域的优秀企业，我们希望能得到投资人________，换取________的股份。

二、路演中常用的表达技巧

在上面的模板里，我们借鉴了 4 个重要的表达技巧（见图 5–1）。

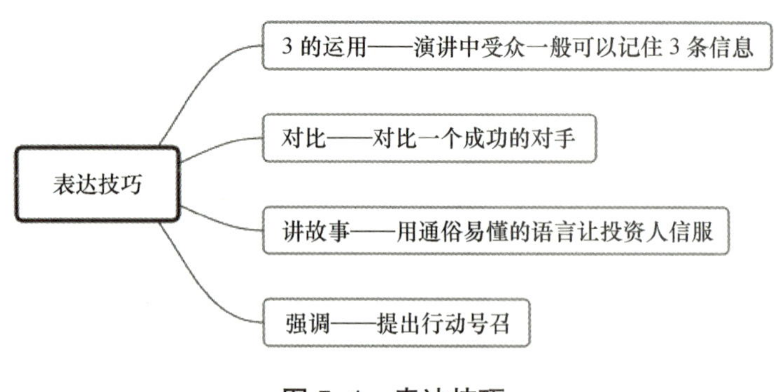

图 5–1　表达技巧

1. 3 的运用——演讲中受众一般可以记住 3 条信息

把演讲内容提炼为 3 点，使整个演讲围绕着这 3 点展开，这样受众会更容易记住。

准确识变，科学应变，主动求变。

2. 对比——对比一个成功的对手

在经典影片里，英雄都需要有一个强大的对手。在讲述项目时，可以选择对比一个强大的对手，这能够激发投资人的关注。

选择“我们是唯一的”演讲策略，会让他人质疑你的市场前景，因为没有参照物可以用来对比。

选择“我们挑战最强的”演讲策略，他人会更容易认同你对市场规模和前景的判断。

选择对比一个成功的对手，还有一种“A+B”策略。其中，A 是创业项目与成功项目的共同点，B 是创业项目独有的特点。比如，旅游网站创业项目可以说：我采用的是“× × 网 + 团购”的模式。这样讲故事会比较容易让人理解，他人也会更加信服。

3. 讲故事——用通俗易懂的语言让投资人信服

创业者应该使用投资人容易理解的语言来描述自己的项目，用客观的数据支撑观点。

比如，项目如果成长空间很大，可以定位项目是某个领域的“独角兽”，即在某个细分领域能获得领先地位、估值很高的企业。

如果项目规模较小，可以选择用“小而美”的概念突出营销背后的回报率。

对于“独角兽”项目，投资人关心的是，是否有足够长的跑道给企业试错；对于“小而美”的项目，投资人关心的是，是否会很快遇到成长的天花板。因此，在路演介绍中要结合自己的项目类型进行设计。

4. 强调——提出行动号召

在演讲结尾，你应该主动提出行动号召，促使投资人快速做出投资决定。

即便被投资人拒绝也不是坏事，因为至少已经通过一次路演获得了部分投资人的价值判断，那么下一次可以改进路演以改变投资人的观点。

第二课 如何吸引投资人

在路演过程中，投资人会有自己的分析判断，但是有一些信息会赢得投资人特别关注。如果创业者或创业项目本身具备这些特征，要注意展示出来。

一、优秀的创业者

创业者的个人能力对项目初期的影响很大。创业初期，项目的发起人和项目的核心团队会主导创业的方向，所以如果创业者有比较强的个人领导力，会帮助项目走得更远。

从零开始的创业都比较困难，但如果创业者有与创业项目相关的工作经验，了解目前的创业产品，有相关资源和管理项目的经验，有连续创业的经历，这样的人投身创业就有比较大的优势，是投资人愿意投资的。

二、优秀的创业团队

比起个人单打独斗，完整的团队更容易取得创业的成功。对于一个创业团队来说，互补的团队结构会更加稳固可靠。

创业不可能一帆风顺，创业团队成员的身体和心理素质过硬有助于创业项目突破难关，最终迎来新的机会。

三、专利技术和技术突破

专利技术和技术突破能形成某种壁垒，这也是投资人感兴趣的。

四、自筹经费

投资人通过短暂的接触决定投资项目，此时的创业项目有比较大的风险。如果创业者自己也愿意出资，这相当于帮助投资人分担了风险。

五、受到市场关注

如果创业者在接受投资前就已经受到市场的关注，对于项目的成功来说是一种保障。

六、符合政策方向和大趋势的项目

外部环境和市场机会会影响项目的发展，了解投资趋势和现有行业机会有助于吸引投资人。

七、与投资人已投项目有关联的创业项目

投资人一般会投资很多不同的项目，如果创业者的项目正好和投资人之前投过的项目形成互补或者联动，这类项目也是投资人会格外关注的。

课堂讨论

请你讲一个故事，证明你是一个有毅力（或坚强、勤奋、智慧……）的人。

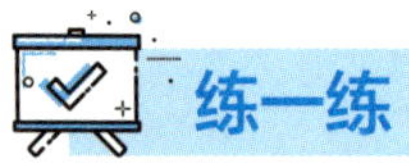

练一练

设计“未来产品”的游戏

在班里选出4~6个人，发给每人2张白纸，用3分钟叠出自己想象中的“未来产品”的原型。每个人用3分钟的时间进行演讲，以吸引其他同学加入自己的团队。谁吸引的同学多，谁获胜。

第三课　投资人常问的问题

路演时投资人常问的问题如下，大家在路演前可以有针对性地进行准备并做问答练习。

一、公司和团队介绍方面的问题

你们公司为什么叫这个名字？

你们公司为什么要在 ×× 地方注册，而不是选择 ×× 地方？

你们公司的股权结构是什么？

你们的股东参与公司运营吗？你的团队在项目中投入了多少？

你们团队的人员结构是怎样的？

作为学生，你们有时间和精力兼顾这个公司的运营吗？

你们如何保证创业团队的稳定性？

如果学校不提供场地或你们没有获得融资，你们还能生存吗？

你们目前的业绩如何？

你们提出的 ×× 目标如果不能实现会怎样？

你们公司发展过程中可能遇到的最大风险是什么？你们有什么准备？

你们公司的发展战略是什么？

二、产品及产品卖点方面的问题

你们的产品最大的卖点（产品价值）是什么？

你们凭什么打败对手或者替换现有的产品（核心竞争力）？

你们的技术真的投入商业化使用了吗？

你们的项目有成功案例吗？

你们的产品质量靠什么保证？

你们的服务成本如何得到控制？

如果有大型公司推出和你们一样的产品，你们有什么办法应对？

三、市场和推广方面的问题

你们要进入的市场，其规模到底有多大？这是怎样判断出来的？

你们对未来市场乐观判断的依据是什么？

为什么 ×× 渠道会选择与你们合作？

除了 ××，你们还有哪些销售渠道？

你们在 ×× 销售渠道的具体运营措施是什么？

为什么你们能做成这件事情（市场宣传、销售、竞争等）？

四、财务方面的问题

你们对未来收入的预期是基于怎样的分析得到的？

你们提到的政府扶持或者免税政策真的能争取到吗？

初始资本里面的银行贷款部分如何确保能申请到？

什么时候公司可以开始有收入？什么时候公司达到盈亏持平？

你们项目的投资回报周期是怎样的？什么时候能收回投入？

为什么你们需要投资？资金进入后你们准备怎样花这笔钱？

你们计划如何让风险投资退出？

你们每个月的运营成本是多少？

其实，项目路演的最好效果并不是面面俱到，而是意犹未尽。项目融资的主场不是在路演台上，而是在台下交流。你一定要在台上吸引投资人的关注，从而促成双方在台下做更具体的、深入的沟通。

课堂讨论

下面是一个从事在线教育的“95后”学生创业团队在路演问答环节中的问答样例。如果你是投资人，你还想问什么问题？如果你是这家公司的创业者，你觉得还能如何改进？

1. 你们公司为什么叫这个名字？

答：公司的全称为“幻方科技有限公司”，“幻方”的含义就是用幻灯片破解在线教育的魔方。

2. 你们公司为什么要在这里注册，而不是选择一线城市这种更有互联网氛围的地方？

答：我们选择这里是因为这里的创业政策越来越好，而创业成本显著低于一线城市，我们公司的成本主要是人力成本，选择这里是非常有竞争力的。

3. 你们要进入的市场，其规模到底有多大？

答：办公软件是职场人的标配，职场新人和学生群体是我们的主要市场。全国5年以下工龄白领和在读大学生人数约为1亿人，这些人每天会有超过2小时使用办公软件，但是大多数人却只是知道简单的基础操作，并不能熟练运用。所以这个市场发展空间很大。

4. 你们对未来市场乐观判断的依据是什么？

答：现在各大高校都有开设办公软件相关课程，这就已经很好地说明了其市场前景。但目前对办公软件的使用，大多数人还处于简单基础操作阶段，我们调查过办公软件线下培训市场规模，每年超过2亿元，市场足够容纳我们的项目。

5. 为什么有经验的老师要选择与你们合作？

答：大部分有经验的老师最擅长的是课程开发，可是有三方面的不足：一是不知道怎样将开发课程与互联网联系起来；二是不会利用新媒体去推广课程；三是没有那么多时间答疑。

这三个方面正是我们这群“95后”学生擅长的，并且我们已经付诸实践，有一定成效了，所以我们和很多老师是一拍即合的。我们有能力整合资源，提供低成本、标准化的服务。

6. 作为学生，你们有时间和精力兼顾这个公司的运营吗？

答：作为学生创业者，我们也担心过兼顾学习和公司工作的问题，所以，我们一开始就非常注意把课程开发、运营、服务的经验梳理出来，把整个开发推广运营的流程规范化，外包给更多学生来执行。其实我们几个核心成员的主要工作是负责各种活动的策划与组织，考虑整个公司发展的大方向，而整个课程的开发、推广以及运营都是由我们的小伙伴来执行的，所以学员的增加、公司的扩大不仅不会是我们的负担，反而会因为现金流充裕，让我们做事更加从容。

7. 如果你们的老师不提供技术支持或场地给你们，你们还能生存吗？

答：我们是一家轻资产公司，提供的是线上服务。我们所有的工作人员和老师都是利用自己的资源工作的，所以我们对场地并没有太高要求，我们只需要一个月租金三四千元的办公场所就能解决办公问题，而且即使我们选择在家办公也不会影响业务开展。

8. 你们如何保证创业团队的稳定性？

答：我们的工资并不高，但是核心成员都有股份，所以我们的利益是与整个公司的利益挂钩的。另外，我们核心团队成员很少，彼此很熟悉，价值观也一致，也不会因为股权分红而闹矛盾。

9. 你们产品的最大卖点是什么？

答：一是我们的课程体系真正适合在线学习；二是我们的课程服务成本

较低；三是我们充分利用“95后”学生熟悉新媒体的优势，打通各类社交传播渠道。

10. 如果竞争对手推出和你们一样的产品，你们有什么办法应对？

答：这个问题正是线下培训的一个症结。因为在同等条件下，大家更可能按就近原则来选择培训班，但线上就不存在这个问题。在网上学习没有地点和时间的限制，所以大家更可能像在网上购物一样按照客户口碑去选择课程。而我们有先入优势，现在已经获得了4 000多名学员的好评，所以我们不担心竞争对手的产品，只要我们的发展速度和他们的一样快，他们就很难超越我们。

第四课 如何让演示文稿更精彩

在路演时，你往往需要一个演示文稿配合你的演讲。有人做过调查，在 Word、PowerPoint、Adobe Acrobat、思维导图等办公软件中，绝大多数投资人更喜欢用 PowerPoint 制作的演示文稿，因为它的图文排版更方便，表现更丰富，更便于演讲者讲清楚创业项目。Word 或 Adobe Acrobat 适用于路演通过后的进一步展示，以便更详细地展示内容；思维导图适合创业团队在内部一目了然地展示思路。

一份逻辑清晰、观点突出、设计出彩的演示文稿会给投资人留下专业且用心准备的好印象。

除此之外，用视觉化方式表达更便于传递关键信息。如为表现这句话“在过去的 6 个月内，我们的产值增加了 12 倍”，在路演时可配上柱状图（见图 5-2），使增长的趋势一目了然。

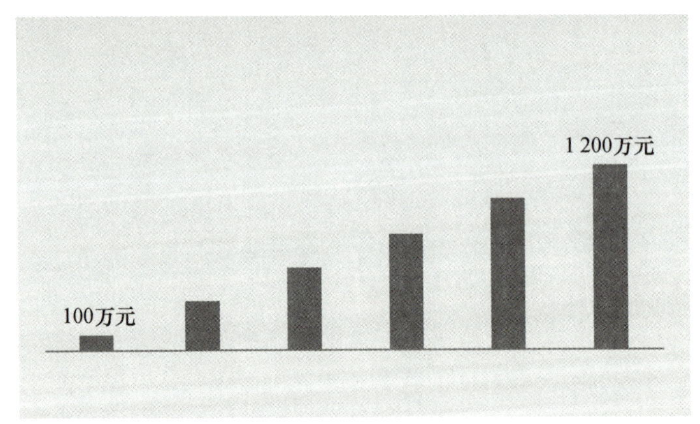

图 5-2 柱状图

制作合适的演示文稿，对演讲有很大的帮助。要做出一个成功的路演演示文稿，要注意目标、环境、逻辑框架和准备工作四个方面的内容。

一、明确路演目标

路演的目标并不只是为了获得投资，路演至少还有以下 4 种可能存在的目标。

1. 吸引投资人的注意，建立联系。

2. 借路演场合宣传自己的产品或品牌。

3. 通过路演验证商业模式的成熟度。

4. 通过路演吸引潜在的合伙人或员工。

如果路演目标不同，那么在演示文稿的素材选择、排版设计、演讲方案等方面要考虑的因素也会不同。

二、分析路演环境

路演环境也会影响演示文稿的制作，创业者需要学会分析每次路演的环境，见表 5–1。

表 5–1　路演环境分析

环境分析要素	内容
路演目标	这次路演的目标是什么
路演时长	几分钟？越短挑战越大
路演人员	演讲能力、演讲风格如何
路演方式	是否需要其他道具
路演环境	投影还是电子显示屏？现场光线如何
投资人心态	期待，还是缺乏兴趣
竞争对手	强手如云，还是鹤立鸡群

我们可以参考上述内容把一次演讲可能会涉及的细节都列出来，然后分析这些细节对路演方案的影响，进而确定路演演示文稿的演讲框架和展示内容。

在很多内部排练性质的路演场合，没有经过精心准备的发言超时的情况非常普遍。在正式的路演场合，每个团队的发言和答辩时间是严格控制的，那么在这种情况下，严格控制自己的演示文稿页数、发言时长就非常重要。

填一填

某技工院校在准备一次创业路演，拟邀请校内创业团队参加，并邀请了3位校内专家和3位校外创业导师作为答辩老师，每个团队的发言时间为5分钟，小王所在团队的发言排在全部12个团队中的第11位。你认为小王的演示文稿要考虑哪些因素？尝试填写路演环境分析表5-2。

表5-2　路演环境分析

环境分析要素	内容
路演目标	
路演时长	
路演人员	
路演方式	
路演环境	
投资人心态	
竞争对手	

三、设计演示文稿逻辑框架

在分析清楚路演环境的前提下，可以按照一定的逻辑框架去设计演示文稿。下面就是一份演示文稿设计的要点。

- 要点 1：封面——项目（公司）名称，路演人姓名、身份。
- 要点 2：我们发现哪里存在市场机会？
- 要点 3：我们是怎样创造性解决问题的？
- 要点 4：为什么我们能解决这个问题？（优势、竞品分析）
- 要点 5：我们已经做出了哪些业绩？（运营情况）
- 要点 6：我们搭建了一个怎样的团队？
- 要点 7：我们未来一段时期的财务收支预估。（收入模式）
- 要点 8：我们希望得到多少融资？
- 要点 9：我们会如何使用这笔融资？
- 要点 10：展示愿景，发起号召。

按照以上提纲制作的创业路演演示文稿，相对简明扼要地回答了投资人最关心的问题，而且整个演示文稿的逻辑框架也符合一般投资人评估项目的思维模式，就事论事，直入主题。上述演示文稿提纲如果去掉融资部分，也可用于项目日常的展示汇报。

有了提纲就可以组织演示文稿的页面素材了，在此基础上可以确定演示文稿的风格。演示文稿的风格一要符合所在行业的视觉风格，二要符合路演人的个性气质，三要兼顾投资人的阅读体验。如果自己缺乏平面设计能力，可以请专业人士帮忙美化。

四、路演准备工作

演示文稿制作完成后，路演者还需要做好演示准备工作，见表 5–3。

表 5–3　路演主要准备工作

主要准备工作	内容
练习	依据路演的流程和时间进行多轮排练
抵达	确保提前 15 分钟抵达现场，调试计算机和显示设备等

续表

主要准备工作	内容
资料	准备投资人可能感兴趣的项目纸质资料，包括个人名片
形象	整理发型，建议穿着显成熟、自信的服装
问答	预测可能会提到的问题，并准备答复

练一练

以“如何销售儿童饮料”为主题，7~8人一个小组制作路演演示文稿，下次上课时在班级进行展示，由全班同学共同选出最好的演示文稿。

在展示演示文稿时，演讲者好的口才可以吸引更多观众；演示文稿内容精彩丰富可以充分向大家展示产品的优势，使产品获得大家的青睐。那么，你认为在展示路演演示文稿时，是演讲者口才更重要，还是演示文稿内容更重要？请说出你的看法。

拓展阅读

创业路演为什么会失败

创业路演失败的原因主要有以下几个方面。

1. 偏离重点

有些创业者的错误在于，其创业项目面向的是一个竞争激烈的大市场，但整个路演的陈述重点却在讲市场有多大。例如，创业者说，按照100万用户计算，每个人每周为平台贡献100元，那么一周就有1亿元的收入。如果平台在这1亿元里提取10%作为基金，那么可支配的基金就有

1 000 万元。创业者这么分析本身的逻辑是没错的，可是，你是否解释清楚了为什么每个人要为你的这个平台每周贡献 100 元？

2. 不懂调研

有的创业者，在做项目之前只调研了几十个人，并用较少的样本做统计对比分析。需求调研需要大量的样本，且要有足够的调研维度。从定性中发现的问题，要用大量的用户去做定量研究，否则，这样的调研将很有可能得出错误的结论。

3. 目标定位不清

一个创业者想做一个“互联网 + 影像”的创业项目。这个创业项目面向中小企业，企业可以在平台上购买图片，图片可探索，物美价廉，用户体验佳，这些特点都是有吸引力的创意点。但是，如果创业者期望用户是因尊重摄影师的版权而购买图片的话，这种模式就是有问题的。

4. 不够聚焦

有一个创业者，想做宠物狗的一站式服务。创业者谈到想建立自己的养狗场，也准备做狗狗的上门美容……项目涉及狗的整个生命周期。这种项目不够聚焦，易导致失败。

第六单元

创业资金的运作与创办新企业

学习目标

★掌握创业者应知的财务常识。

★理解现金流的重要性及产生过程。

★了解创办新企业的注意事项。

翻转课堂

本单元导读

创业资金的运作与创办新企业

- 创业者应知的财务常识
  - 会计报表
  - 利润、利润率、资金周转率
- 做好现金流管理
  - 固定成本和可变成本
  - 分析运营成本
- 创办新企业的注意事项
  - 了解创业帮扶政策
  - 给公司起名字
  - 确定办公地点
  - 申请工商注册
  - 开通银行账户
  - 报税
  - 聘请代理会计
  - 申请知识产权保护
  - 了解社保和个税
  - 了解商业保险

小林开办咨询公司

小林是电子信息专业的毕业生，她选择通过创业来发挥自己的才能。

今年年初，小林在经过近3个月的市场调研后撰写了一份详细的筹办公司计划书，并想和一位朋友合伙开办一家咨询公司。两人商量后，决定在市中心附近开办公司，那里人流量大，而且有很多同类型的公司。目前就只剩启动资金的问题了。小林和合伙人都没什么积蓄，因此她们决定向银行申请贷款。

两人先办理了营业执照并完成了税务登记等相关手续，在拥有了经营许可证后，向商业银行提出了贷款申请。审核通过后，她们如愿获得了5万元贷款。可是5万元对她们来说还是不够，经过商量，两人决定各自向家里借钱，最终两人共同筹集了10万元。

有了资金后，公司终于正式挂牌营业了，并先后招聘了10多名员工。这些员工大多数都是刚毕业的大学生，拥有专业知识并且上手快。

很快，公司就接到了第一单咨询业务，并让客户很满意。随后，公司又陆续接了几单业务，虽然合同金额不大，但维持公司的日常开销是没有问题的。

1. 除了选择通过银行贷款进行融资外，还有没有其他的融资渠道？

____

____

2. 企业经历了初创阶段后还需要融资吗？

____

____

3. 融资风险该如何规避？

____

____

第一课　创业者应知的财务常识

资金紧张是创业企业的共同问题。为了生存和发展，创业企业必须高效率地使用资金，因此，财务计划和管理就成为创业者必备的知识和技能。

这些知识和技能其实就是，创业者要懂得如何借钱——合理筹集资金，如何花钱——有效分配和使用资金，如何分钱——合理分配企业收益，如何管钱——实行财务监督。

对创业者而言，一开始看懂简单的会计报表就够用了，不需要学习太复杂的财务知识。

一、会计报表

会计报表是财务会计报告的主要组成部分，主要包括现金流量表、利润表、资产负债表，简称财务三大报表。

1. 现金流量表

最容易理解的是现金流量表，它是反映某段时期现金流入和流出的报表。

现金流量表只客观反映企业一段时间内的收入和支出明细，并不显示这段时间是否在赚钱。

2. 利润表

如何知道收支情况是否良好呢？这就需要看利润表（也称损益表）。

利润表是公司在一段时期内的收入减去成本所得到的利润或亏损的报表。

公司在一段时期内亏损，并不意味着公司就是资不抵债的，因为公司可能在前一段时间积累了足够的利润。

3. 资产负债表

公司当前到底是否存在资不抵债的风险？这时就要看资产负债表了。

资产负债表是公司在某一特定日期的财务状况的报表，主要反映资产、负债、所有者权益三方面的内容。

学生创业者开办的企业，其固定资产投入一般较少，主要是人工成本和生产营销成本，所以企业财务三大报表也相对简单。

二、利润、利润率、资金周转率

对大部分创业者来说，创业初期主要理解以下几个简单的概念。

利润：企业在一段时间内，成本越低，收入越高，利润就越高。

$$\text{利润}=\text{收入}-\text{成本}$$

利润率：企业在一段时间内，成本越少，收入越高，利润率就越高。

$$\text{利润率}=\frac{\text{利润}}{\text{销售收入}}\times 100\%$$

资金周转率：一段时期内，企业的销售收入越高，资金占用量越小，资金周转率越高。

$$\text{资金周转率}=\frac{\text{销售收入}}{（\text{期初占用资金}+\text{期末占用资金}）\div 2}$$

小雷和小韩，谁更赚钱？

小雷开了一家企业，月初投入 100 万元，月底赚回了 180 万元。

小韩开了一家餐馆，生意也很好，每天成本合计 1 万元，每天可以实现销售 3 万元。

按月（30 天）计算，小雷和小韩，谁的利润高？谁的利润率高？谁的资金周转率高？

我们说一家公司能活下来，是指它有利润；一家公司活得不错，是指它的利润率比同行高；一家公司的资金利用效果好，主要是指它的资金周转率高。

在课堂讨论中，小雷一个月赚到 80 万元的利润，而小韩只有 60 万元的利润，从利润的角度看，小雷更高。

但小韩每天只用了 1 万元成本，收入 3 万元，利润率高达 66.7%。而小雷的利润率只有 44.4%。

更重要的是，小韩餐馆的资金周转率更高，且流动资金可以一天周转一次，所以她可以只用 1 万元启动业务，循环滚动，在一个月内累积赚到 60 万元。而小雷的项目虽然利润更高，但是对资金占用量非常大。

所以，尽管按月计算小雷的利润更高，但其利润率和资金周转率都不如小韩。从某种意义上，在创业启动阶段，小韩的项目生命力更强。

理解这个资金流动的概念，对创业者的启发就是，尽量选择资金占用量少、资金回报率高、资金流动性好的项目起步，从而尽快获得创业需要的第一桶金。

思维训练

假设有一个大项目，总投资金额是 100 万元，利润是 10 万元，但项目周期长，一年才能回款，而且启动资金需要 50 万元，也就是这 50 万元的资金一年只能赚一次钱，资金周转率很低。

假设还有一个小本生意，每天可以卖 5 000 元、赚 1 000 元，每天只需要 4 000 元流动资金就可以开业。更重要的是，这 4 000 元当天就能收回，每天周转一次。每天赚 1 000 元，一年下来可以赚 36.5 万元，这远比 100 万元的大项目赚得多。

这就是有些做小本生意的老板赚的钱比大公司的老板还多的原因，其项目简单、资金周转率高。但是，这样的项目规模不大，也有竞争，很难做大。

讨论：你是愿意去做大项目，还是去做赚钱多的小本生意？为什么？

第二课 做好现金流管理

在企业运营的现金流方面，不仅要考虑当月有没有收入，还要考虑未来的收入是否够用，否则公司的业务会难以持续。

要知道，很多公司之所以破产，不是因为业务没了，而是因为现金流断了。比如，甲公司本月应收账款没有到账，导致无法偿还乙公司的到期账款，乙公司急需用钱，将甲公司告上法庭，这时甲公司如无法偿还账款，可能面临破产的风险。

个体户卖拉面和开餐饮公司卖拉面，谁收入高?

小明经营了一家拉面早点摊，雇了1位兼职员工，生意很好，所以小明决定租一个门面开个公司做餐饮，雇3个人。

一个月下来，小明核算了开早点摊和开公司的收益，开公司业务量果然实现了翻番，那么小明的收入有没有增加呢？小明当个体户卖拉面和开餐饮公司卖拉面的收支现金明细表分别见表6–1和表6–2。

表6–1 个体户卖拉面月收支现金明细

分项明细	分项金额（万元）
收入	
拉面销售收入	10.0

续表

分项明细	分项金额（万元）
成本	
面粉、芝麻、油、煤气水电等	4.0
人工、杂费	
兼职员工工资	0.3
杂费	0.2
税收	
定额税	0.5
个人利润	5.0

表 6–2 开餐饮公司卖拉面月收支现金明细

分项明细	分项金额（万元）
主营业务收入	
拉面销售收入	20.0
主营业务成本	
面粉、芝麻、油、煤气水电等	8.0
管理费用	
员工工资（含五险一金）	1.5
门面房租	0.3
杂费	0.2
纳税成本	
所得税 25%	2.0
公司净利润	8.0

讨论：

1. 就两张报表而言，你认为小明开公司利润率高还是做个体户利润率高？

2. 开公司的话，小明还有哪些额外的隐形投入？

3. 为了使公司获得更多的收益，小明应该考虑做哪些选择？

如果是个体户，税收比较简单，一般采取定额税制度，个体经营者只需扣除自己的成本和纳税额，付清兼职员工工资，剩下的就是利润。

如果开公司，就需要为员工按工资额度缴纳社保，这是一笔开支。同时，公司还需要缴纳企业所得税。

在上面的案例中，小明公司的利润还不能直接转化为小明的个人收入。因为开餐馆需要一次性投入，创建成本相对较大，这些成本要摊销在每个月的运营成本中。即便不考虑这些固定资产投资费用的摊销，公司利润也不能直接变成个人收入，还需在缴纳个人五险一金的前提下扣除个人所得税。

根据以上的分析，小明可以同时经营早中晚餐，做大营业额，降低装修、房租和人工等每个月都需要支出的固定成本的比例。这样做的话，作为创业者，小明就需要投入更多的时间在公司上，管理员工的难度会变大。

一、固定成本和可变成本

创业公司不管有没有获得收入，有些成本都是需要支付的，在财务上这些叫作固定成本。

要摊薄固定成本，创业者就要扩大营业收入，相应地就要支付购买原材料、加工生产、物流运输、交纳税款等一系列开支。这些开支只有在发生业务活动的时候才支付，业务规模大，成本总量就大，业务规模小，成本总量就小，因此这些成本叫作可变成本。

要让企业的现金流健康，就得控制固定成本投入，压缩可变成本在营业收入中的比例。控制成本时，需同时考虑其对客户满意度和员工忠诚度的影响。

二、分析运营成本

创业者可以通过写项目计划书，模拟分析运营的成本。

如果要生产产品，创业者需要考虑租赁或购买厂房、采购设备、招聘生产人员、采购原材料、仓储物流的成本。此外，还包括营销和渠道成本、售后服务成本。为了节约成本，创业者可以采取生产外包、自营渠道和服务的模式。如果要研发产品，还需要考虑如何延伸和规划产品线使其有竞争力的问题，以及研发投入成本、研发队伍建设成本、研发成果的商业化成本等问题。

在销售渠道方面，有的渠道需要进场费，有的渠道需要厂商的促销支持。这些均需要根据详细的数据计算得出运营成本。

只有在分析清楚单品成本、单批次成本、单项目成本的基础上，才能规划好企业的发展目标，近期做哪些事情，面向多大的市场，未来做哪些事情，面向哪些市场，进而推测企业的规模和利润率是否可以合理增长，成本是否可以控制。

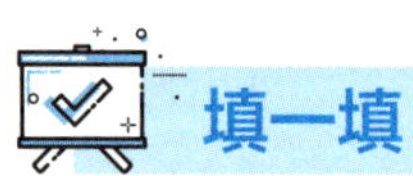

表 6-3 是开办一家公司需要花费的清单明细，请在老师的指导下，调研你所在城市开办公司一年需要的费用。

条件假设：

1. 公司雇 1 名员工，按当地最低工资标准发工资和缴纳五险一金。

2. 雇 1 名兼职会计，每月支付 3 000 元，不缴纳五险一金。

表 6–3　公司固定成本开销统计

固定成本项目	成本金额（元）
工商注册成本	
办公场地的房租（含办公环境装修和设备购置）	
办公费用（物业费、水电费、通信费等）	
员工工资 + 五险一金（含创业者）	
兼职会计费用	
其他固定成本	
年固定成本开销汇总	

开个小餐厅，需要多少钱？

开个街边小店也许投资 10 万元以内就搞定了，但是如果餐厅开在商场里，就需要装修费、场地费等，投资几十万元到上百万元也是常有的事情。餐饮行业其实是一个丰俭由人的行业，关键是看如何控制成本。

请看看下面这份清单（部分控制成本的方法已举例），想一想还有哪些成本和控制方法可以补充，为什么仅凭热情创业容易亏本。

1. 房租费用

（1）增加营业时间。

（2）提高翻台率。

（3）增开外卖口。

（4）尽量不要年交，而是半年交、季交。

2. 人工费用

（1）一人兼几职或多用兼职人员，如：

1）迎宾员（前厅经理、营业主管兼）。

2）传菜员（维修工、司机、库管兼）。

3）收银员（库管兼）。

4）办公室文员（收银台主管、迎宾主管兼）。

5）粗加工人员（洗碗工兼）。

（2）开业前 3 个月员工费用较多，可从第 4 个月开始调整。

（3）厨房适当进些半成品可降低用人成本。

3. 燃料费

（1）责任到人，量化到岗，并尽量使用新技术节能。

（2）检查灶台阀门，定期更换。

（3）蒸炖菜搭配做。

（4）用节能灶或太阳能灶。

4. 电费

（1）多设开关。

（2）用节能灯。

5. 水费

（1）重点关注锅炉用水、灶台用水、洗手间用水、卫生用水、饮用水、职工生活用水。

（2）定时开关水阀。

（3）墩布由专人负责清洗。

6. 折旧费

（1）做好设备维修。

（2）注意二次利用。

7. 证照手续费

关注工商营业执照、银行账户、税务登记、消防安全许可、卫生防疫、烟酒专卖许可、员工暂住证、员工健康证、垃圾环保处理所需的费用。

8. 餐损费

（1）做好盘点工作。

（2）责任到人。

9. 交通费

（1）采购人员的交通补助、货物的运输费用等要制订月度计划。

（2）公司车辆需养护，成本常大于租车费用。

10. 维修费

（1）大项维修做计划。

（2）小项维修定指标。

（3）使用好物品保修期内的权益。

11. 易耗品

（1）前厅部。

1）餐巾纸、牙签、醋、辣椒等。

2）打包盒、打包袋。

3）卫生间用品。

（2）厨房。

1）磨刀石。

2）锅刷。

3）墩布、扫帚、抹布等。

4）洗洁净、去污粉、钢丝球等。

12. 洗涤费

（1）台布、口布、桌裙等。

（2）地毯等。

13. 福利费

（1）员工宿舍。

（2）工服。

14. 宣传费

横幅、展牌、广告推广等。

15. 招待费

做好招待费的季度和年度预算，制定制度，按照制度报销。

第三课　创办新企业的注意事项

学生创办企业，往往需要注意以下事项。

一、了解创业帮扶政策

国家及各级地方政府为鼓励大众创业出台了许多创业帮扶政策，创业者可以申请相关的创业帮扶政策的支持，以减少创业成本。学生创业者应多关注当地人力资源和社会保障部门、教育部门、科技部门、共青团，以及学校网站，注意政策的变化，了解创业帮扶政策的申请流程和条件。创业帮扶政策可能涉及的内容有工商注册、贷款、税收、场地、创业指导、培训、路演等。

思维训练

学生创业要了解减税政策

××刚毕业，就向朋友借了 5 万元在学校旁边开了家服装店。××每月除了需缴纳 3 000 元租金和 100 元水电费外，还要缴纳不菲的税金，××并不了解税收政策，也不清楚国家对学生创业的其他帮扶政策，因此没有享受到任何优惠。

学生毕业后选择创业是一个勇敢的决定，同时也冒着巨大的风险。全面细致地了解国家相关的税收政策，可以减轻创业压力。

讨论：请同学们以小组为单位，帮助××了解本地的税收政策。

二、给公司起名字

公司名字是否可用要去当地工商管理部门网站查询。

三、确定办公地点

办公地点可以租赁商业地产或者入驻免费的创业孵化器园区。确定办公地点是办理工商营业执照的前提条件。

如果是租赁商业地产，还需要注意在办公环境、办公设备、通信网络、员工交通、员工就餐、公司业务等方面的综合成本。

四、申请工商注册

选择企业的工商注册地之前一定要记得查询当地的创业扶持政策，很多城市不同的区对不同行业有不同力度的创业扶持政策。可以考虑在当地找一家代办机构，发挥其流程熟、效率高的优势。

在申请工商注册前要仔细斟酌公司的经营范围，不同的经营范围对应不同的税收部门和税收等级，享受不同的税收优惠政策，影响未来能给客户提供的发票类型。有的经营范围还需要额外的资质文件，一定要请教有经验的人。

在这个阶段，要和合伙人约定好分配方式，拟好公司章程，形成书面约定。

五、开通银行账户

开通银行账户时要注意了解不同银行对公业务手续收费情况，有的银行对创业企业有扶持政策，能节省运营成本。选择开户行网点时还要考虑办公地点和开户行网点的距离，便于快速办理银行对公业务。

六、报税

这里要提醒创业者，公司开办以后，无论有无收入，都要依法报税和纳税。

七、聘请代理会计

创业小公司可以采取财务外包的做法，公司规模扩大后应聘请专职会计。

创业者需要学习一些财务知识，便于理解会计报表，合理控制公司的现金流。

八、申请知识产权保护

如果创业公司有专有技术，可以申请专利保护，也可以申请版权、软件著作权、商标权、原产地名称等知识产权保护。

九、了解社保和个税

创业者应该了解当地的最低工资政策、员工五险一金缴纳政策、个人所得税扣除计算方式，从而正确理解一名员工的真实成本。

十、了解商业保险

创业公司也可以考虑为员工办理商业保险，为员工提供医疗和人身安全保障。

思维训练

你了解员工的真实人力成本吗?

假如员工的月薪税前 1 万元，实际到手有多少元？企业的成本又是多少元？

以员工月薪税前 1 万元，按规定缴纳社保来计算，其税后工资及企业应缴纳的五险一金情况见表 6–4。

表 6–4　五险一金汇缴明细及税后工资情况　　单位：元

项目	个人应缴部分	单位应缴部分
养老保险	800.00（8%）	1 600.00（16%）
医疗保险	200.00（2%）	800.00（8%）
失业保险	30.00（0.3%）	70.00（0.7%）
基本住房公积金	800.00（8%）	800.00（8%）
补充住房公积金	0.00（0%）	0.00（0%）
工伤保险		20.00（0.2%）
生育保险		70.00（0.7%）
共计支出	1 830.00	3 360.00
扣除四金后月薪	8 170.00	
个人所得税	107.00	
税后月薪	8 063.00	

如表 6–4 所示，员工月薪税前 1 万元，税后 8 063 元，其中缴纳保险和公积金 1 830 元、个人所得税 107 元。而企业总共支出 13 360 元，含员工的 1 万元工资及为员工缴纳的 3 360 元“五险一金”。如果算上年终奖、人均办公场地成本、人均办公水电耗材成本等，一般来说，员工的真实人力成本是其月税后收入的 2 倍左右。

同时，企业聘用一位员工，还有招聘成本、培训成本、管理成本等。这些隐形成本将会进一步增加企业用人成本。

讨论：看完这段分析，你有什么感想？说说用人成本对创业的启发。

拓展阅读

用公益回馈社会——赢得政策支持的好方式

小夏是一家短视频内容创业公司的创始人。作为一名学生创业者，他带领公司在短视频拍摄制作、新媒体推广方面，不断探索，他们制作的每一期大型公益短视频播放量均在百万以上。

小夏创业成功的秘诀是用商业思维做可持续化公益，用公益资源反哺商业。

小夏热爱摄影，公司成立第一年，他们拍摄的内容大多是校园主题，积累了一些经验之后，他们开始计划用手中的镜头去做更加有意义的事情。小夏认为，短视频除了娱乐功能外，还能创造很多给人带来实际帮助的内容。于是，他们决定去贫困地区拍摄公益项目，借助短视频的传播力量让更多的人关注贫困地区的原生态旅游资源。

小夏在接受媒体采访时说："我们去的第一个地方是国家级贫困县。经过 10 天的策划、3 天的拍摄、20 天的后期制作，第一期的大型公益视频发布当天就有几十万次的播放量！更加令人激动的是，该县很快就脱贫'摘帽'了。我们希望这里面也有我们贡献的微薄之力。"

小夏出生在革命老区一个贫困家庭，小时候家里是政府重点帮扶的低保户。作为一个从贫困家庭里走出来的孩子，他通过社会的帮助和自己的努力取得了今天的成绩，而现在他也力所能及地回馈社会，帮助更多身处贫困中的人们改善现状。

正是这样的初心，让小夏有一种强大的动力继续他的公益创业之路，公司制作的系列公益短视频已经覆盖省内多个地区，短视频的快速传播，帮助乡亲们通过电商渠道销售农副产品，从而提高了他们的经济收入。随着公益项目的发展，小夏计划着建立自己的电商平台，这样在做公益的同时，公司自身也能获得相应的回报。

第七单元

创业者应具备的创新思维

学习目标

★掌握换位思考的方法。

★了解头脑风暴法。

★学会运用六帽思考法。

翻转课堂

本单元导读

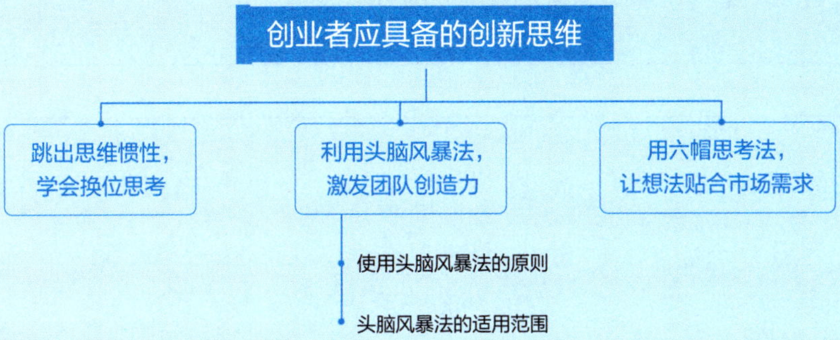

创业者应具备的创新思维

- 跳出思维惯性，学会换位思考
- 利用头脑风暴法，激发团队创造力
  - 使用头脑风暴法的原则
  - 头脑风暴法的适用范围
- 用六帽思考法，让想法贴合市场需求

拉面与泡面

一位濒临破产的创业者看到拉面摊前大排长龙，想到了一个新产品。为什么不发明一种用水冲泡几分钟即可食用的拉面呢？于是他便成为发明泡面的人，日后还成了饮食产业巨头的董事长。

1. 创新和创业的关系是什么？

____

____

2. 创业者一定要有创新思维吗？为什么？

____

____

第一课 跳出思维惯性，学会换位思考

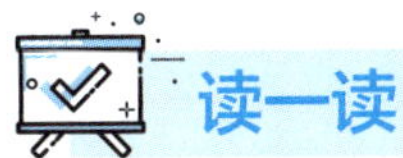

读一读

在 20 世纪的一次经济大萧条中，90% 的中小型企业都倒闭了，小翰开的齿轮厂也近乎倒闭。小翰为人十分真诚、宽厚善良、慷慨体贴，交了很多朋友，而且和客户们都保持着良好的关系。在这困难的时刻，小翰想要找那些朋友、老客户出出主意、帮帮忙，于是就写了很多信。可是，等信写好后他突然发现自己连邮票都买不起了。小翰想如果自己都买不起邮票，那别人肯定也不舍得花钱买邮票回信给自己，那么自己就得不到帮助。

于是小翰卖了自己家里的东西，买了很多邮票，在向朋友寄信的时候，也在信里附上两元钱，作为回信的邮票钱。这样一来，他就收到了很多朋友的回信，而且他的朋友和客户收到信后，都大吃一惊，因为 2 元钱远远超过了一张邮票的价钱。每个人都被感动了，他们回想起小翰平日的种种善举。这之后，小翰就收到了很多订单，还有朋友来信说想要给他投资，一起做点什么。小翰的生意很快就有了起色。在这次经济大萧条中，他是为数不多站住脚而且有所成就的企业家。

小翰跳出了思维惯性，没有让对方付邮费，而是换位思考，从朋友、客户的角度来想问题，这样既方便了别人，也让自己获益。其实，这就是一种创新思维。

创业者要把自己的产品或服务卖给需要的人，就得理解对方真实的需求是什么，只有这样才能有效沟通，达成合作。这就需要创业者拥有换位思考能力，而创新思维很多时候就来自换位思考。

课堂讨论

如果你计划创办一个新企业，计划招 1 名员工，下面有 3 种薪酬方案，你认为哪种最合理？

方案 1：底薪 4 000 元，绩效工资 1 000 元。

方案 2：底薪 3 000 元，绩效工资 2 000 元。

方案 3：底薪 2 000 元，绩效工资 4 000 元。

你会倾向于选哪种薪酬方案？你认为哪种方案最合理？理由是什么？对于不同的工作岗位，如技术人员、行政人员、销售人员，你认为哪种薪酬方案会更合理？

站在员工的角度，如果一份工作给的底薪都不能保障生活，就很难激发其工作积极性。对于一些社会上比较稀缺的专业技术工种，其平均薪酬水平比一般行业要高，如果员工认为他得不到合理的薪酬回报，就很可能离开现在的工作单位。

创业者在确定员工薪酬方案时需要换位思考，员工希望得到的合理底薪是多少？员工心目中同行业的岗位薪酬水平是多少？员工希望的工作福利和工作环境是怎样的？这些期望和自己能提供的条件是否有差距？

如果有差距，换位思考就已经引发了创业者需要创新思考的问题——我应该提供怎样的额外价值吸引我需要的人才？

第二课 利用头脑风暴法，激发团队创造力

思维训练

乘飞机去扫雪可能吗？

有一年，北方格外严寒，大雪纷飞，电线上积满冰雪，大跨度的电线常被积雪压断，严重影响通信。

过去，许多人试图解决这一问题，但都未能成功。这一次，电信公司经理尝试解决这一难题，他召开不同专业的技术人员参加会议，要求大家畅所欲言，不必顾虑自己的想法是否离经叛道或荒唐可笑，参会人员必须尊重每一种想法，不发表评论，鼓励通过互相融合彼此想法的方式来解决问题。

按照这种会议规则，大家七嘴八舌地议论开来。有人提出设计一种专用的电线清雪机；有人想到用电热来融化冰雪；也有人建议用振荡技术来清除积雪；还有人提出能否带上几把大扫帚，乘直升机去扫电线上的积雪。

对于这种乘飞机扫雪的想法，大家心里尽管觉得滑稽可笑，但在会上也无人提出批评。

有一位工程师听到乘飞机扫雪的想法后，大脑突然受到冲击，一种简单可行且高效率的清雪方法冒了出来。

他想，每当大雪过后，出动直升机沿积雪严重的电线飞行，依靠螺旋桨旋转带起的风即可将电线上的积雪迅速扇落。他马上提出用直升机清雪的新设想，顿时又引发其他与会者的联想，有关用飞机除雪的主意一下子又多了七八条。

不到 1 小时，与会的 10 名技术人员共提出 90 多条新设想。会后，公司

组织专家对设想进行分类论证。

专家们认为设计专用清雪机等，在技术上虽然可行，但研制费用高、周期长，一时难以见效。

乘飞机扫雪如果可行，将是一种既简单又高效的好办法。经过现场试验，发现利用直升机螺旋桨扇雪真能奏效，一个久悬未决的难题，终于在头脑风暴会中得到了巧妙解决。

讨论：在日常的会议中，技术人员会提出这样的想法吗？为什么这次会议激发出这样多的想法？

头脑风暴法就是激发团队创造力的一种创新思维方法。头脑风暴法能够激发在日常生活中被我们忽视的一些想法，能够激发诸多灵感。

一、使用头脑风暴法的原则

要组织一次成功的头脑风暴会议，就必须要求与会者遵守以下原则。

第一，自由思考。与会者尽可能解放思想，无拘无束地思考问题并畅所欲言。

第二，延迟评判。与会者在会上不对他人的设想进行评论，不发表“这主意好极了！”“这种想法太离谱了！”之类的意见。对设想的评判留在会后组织专人考虑。

第三，以量求质。鼓励与会者尽可能多而广地提出设想，通过快速大量提出设想来激发出质量较高的设想。

第四，结合改善。鼓励与会者在提出设想时，注意思考如何把两个或更多的设想结合成另一个更完善的设想。

二、头脑风暴法的适用范围

头脑风暴法并不适合那种希望经过讨论马上达成一致、得出行动结论的话题，也不适合那种并不缺乏解决方案的话题。

在创业活动中，有很多需要创业者快速决策的工作，这些工作需要垂直思维。垂直思维又称为收敛性思维。这种思考方法的重点是深度而不是广度，要求思考问题的人目标集中、用心专一，强调思维的逻辑性、严谨性和深刻性。这也是打磨完善创意最常用的思考方法之一。

但是在另外一些工作中，如为产品想一句好的广告语，为公司想一个好名字，就需要摆脱对某种事物的思维定式，另辟蹊径，寻找突破口，找到新概念、新创意，这种思维方式叫作水平思维。头脑风暴法就是水平思维模式中的一种。

头脑风暴产生创意

一家公司要设计一台破核桃机，要求破出的核桃仁是较完整的两半。为此，公司领导召集 10 余名技术人员开展头脑风暴会议，希望大家都能让思维自由驰骋，从不同角度、不同层次、不同方向，尽可能地提出一些独创性的设想。会议主持人强调了本次会议的主题，在短暂的半个小时内，技术人员们就围绕该主题提出了 40 多个设想，最后大家集体从这些设想中选取了两个公认的最优方案。

然后，主持人将这两个最优方案拿出来讨论，让每个技术人员提出改进设想。通过公司权威技术人员共同商议和评审后，该公司确定了破核桃机的最终设计方案。

在整个会议过程中，主持人的多次提问起到了激励与会人员产生更多设想的作用，如“用什么样的力度才能把核桃砸开”“用什么办法才能达到这样的力度”“如果我们用逆向思维来解决问题又会怎样”等。

公司头脑风暴会议成功的关键在于与会人员不受任何条件的限制，思想放松，同时主持人通过提出问题的方式来激发与会人员的创造力。由此可见，头脑风暴法中主持人和与会人员的选择都很重要。

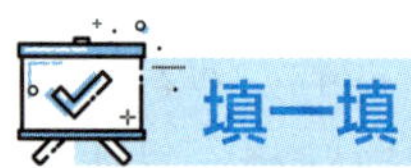

填一填

矿泉水瓶有什么用途?

5~7 人一个小组，就矿泉水瓶子的用途进行讨论。

任务：在 5 分钟之内，尽可能多地想出矿泉水瓶的用途，记录员负责记录本小组所想出的用途。之后，汇报本小组最新奇、最疯狂、最具有建设性的主意，想法最多、最新奇的小组获胜。

规则：（1）不许有任何批评意见，只考虑想法，不考虑可行性。（2）鼓励异想天开。（3）鼓励组合和改进各种想法。

用途 1:____。

用途 2:____。

用途 3:____。

用途 4:____。

用途 5:____。

用途 6:____。

用途 7:____。

第三课 用六帽思考法，让想法贴合市场需求

创业者每天面临市场竞争的压力，很多问题可能都是第一次遇到，没有经验可以借鉴，需要自己去想办法解决。同时，创业者是最需要得到支持的一群人，他们提出的很多创业想法，希望得到积极的反馈。

对于创业者的想法，我们不能简单地支持或者反对，最好能提供相对科学的建议。中肯的意见可以帮助创业者修改和完善自己的想法。

六帽思考法是一种全面思考问题的模型（见图 7–1），其使用 6 种不同颜色的帽子代表 6 种不同的思维方向。

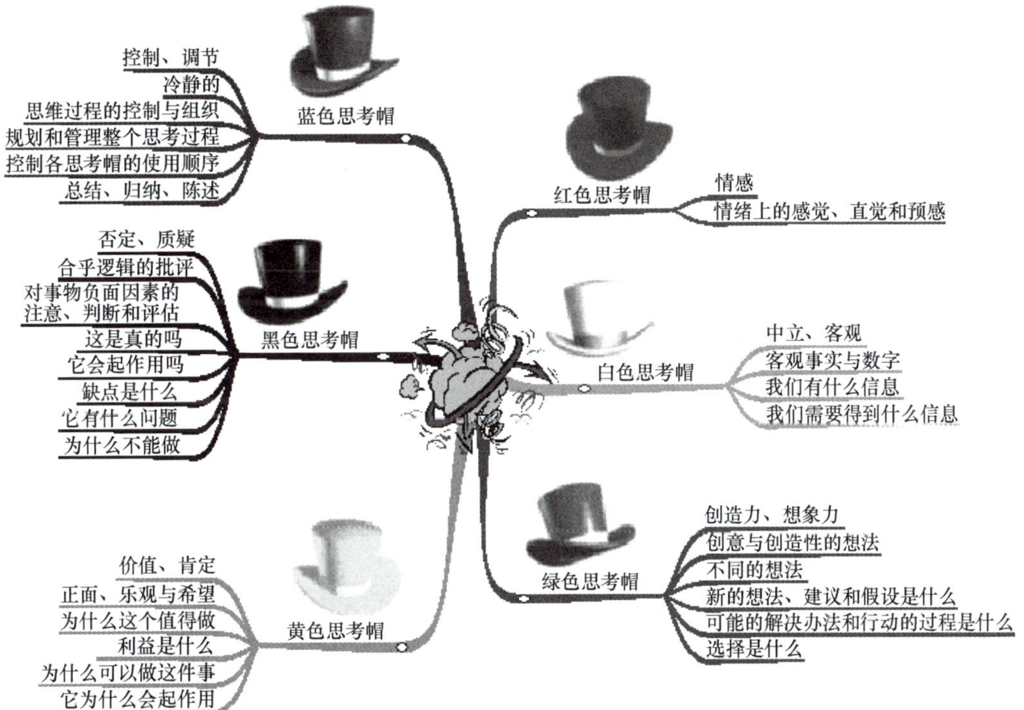

图 7–1 六帽思考法

利用这个方法，人们可以戴上不同的帽子，要求自己用这个帽子所代表的身份发表对问题的看法，从而从多个维度看待问题，找到积极因素，也找到问题所在，帮助创业者更好地形成自己的决策方案。

用六帽思考法评估公共卫生间应用软件项目

有一个创业团队想做一个应用软件，将上海所有公共卫生间的信息罗列出来。针对这个公共卫生间应用软件项目，用六帽思考法来进行评估。

白色思考帽（客观陈述事实）：每天很多人来上海出差或旅游，会面临如厕问题，出现因为不熟悉地理环境而找不到厕所的情况。

黄色思考帽（评估方案优点或提出建议）：在上海这样的大城市，人流量大，城市环境变化快，即便是上海人也会经常找不到附近的厕所。如果人们愿意付费，不知道能否开发一款帮助人们解决这类问题的应用软件。

黑色思考帽（评估方案缺点）：这个需求不足以让大家下载一个应用软件。类似的需求如果足够强烈，导航应用软件可以提供此类服务，我们的应用软件没有竞争力。

红色思考帽（对方案进行直觉判断）：我喜欢这个应用软件。我觉得从一个需求入手，逐步形成城市生活查询的垂直应用软件是存在可能性的。同时，我也反对这个应用软件，我认为即便能解决这个需求，我们也没有能力把其推广出去。

绿色思考帽（提出解决问题的方案）：我们团队可以快速做一个产品原型，针对我们学校周边的数据做一个校园周边版，看看在同学们和周边人群之间的扩散速度，即便数据不理想，我们也锻炼了项目开发能力。

蓝色思考帽（总结陈述）：对于今天的项目，大部分人认为缺乏市场前景，但可以从锻炼队伍的角度做一个原型，为今后项目开发积累经验。

填一填

你认为校园生活服务平台能成功吗?

不少创业团队把目标用户锁定在校园市场，围绕学生的业余生活、吃穿住行提供生活服务，搭建一条龙的服务平台，这些服务平台要么是应用软件，要么是独立电商平台，要么是小程序。问学校的同学是否愿意下载使用时，很多人都说，类似的服务平台太多太乱，不知道哪一家的服务最好，所以一般不会去主动尝试。

你认为这个校园生活服务平台有市场吗？请运用六帽思考法进行说明。

白色思考帽（客观陈述事实）：____

____

____。

黄色思考帽（评估方案优点或提出建议）：__________________________

____

____。

黑色思考帽（评估方案缺点）：____

____

____。

红色思考帽（对方案进行直觉判断）：______________________________

____

____。

绿色思考帽（提出解决问题的方案）：______________________________

____

____。

蓝色思考帽（总结陈述）：____

____

____。

拓展阅读

两点建议，防止创业团队思维枯竭

1. 注重营造创意氛围

作为一位创业者，其目标是营造好的创意氛围，使团队成员感到惬意，从而使他们的思维更加自由地伸展，逐渐获取创新的信心。要想做到这一点，需要积极地聆听，多说“是的，并且”而不是很快地说“不”，同时秉持这样的观点——没有坏的想法，只有尚未成熟的想法和好的想法。

创新并不是一种一定有回报的付出。它需要很多的努力，并且随时可能遇到风险和失败。如果这个过程之中没有喜悦，为什么还要坚持呢？要记住，旅行的过程远比目的地更加重要，所以要尽量使创新之路充满乐趣。

2. 制定一份契约

大多数团队都会遵照不成文的社会行为准则来运作。创业者可以选择请团队成员一起制定并签署一份契约。正式的签署仪式可以使人们更加团结，并牢记自己的诺言。比如以下诺言。

- 勇于打破规则，勇于追梦。
- 打开门，多聆听外面的声音。
- 学会信任别人，也被别人信任。
- 不断前行。